Julia Nourney & Tom Wyss
Whisky Trails

INHALT

Ein paar Worte vorweg 7

Die Geschichte des Whisk(e)ys oder
»Wer hat's erfunden?« 10

Die Ostschweiz & Liechtenstein 56

Graubünden 98

Whiskyregion Mitte 112

Whiskyregion Bern 152

Region Nordwest 186

Whiskyregion Tessin/Ticino 216

Whiskyregion Welschland 224

Über die Autoren 234

FRANKREICH

DEUTSCHLAND

Bodensee

JURA

THURGAU

●Basel

AARGAU

ZÜRICH

St. Gallen

●Zürich

Aare

ST. GALLEN

LIECHTEN-

NEUCHÂTEL

LUZERN

ZUG

STEIN

ÖSTERREICH

SCHWYZ

★●Bern

GLARUS

S C H W E I Z

WAADT

BERN

URI

Rhein

GRAUBÜNDEN

FRIBOURG

Genfer
See

GENF

Rhône

TESSIN

●Genf

WALLIS

0 km   50

ITALIEN

WHISK(E)Y-FÜHRER GIBT ES VIELE!

Zweifellos die meisten befassen sich mit schottischem Whisky und den zugehörigen, hochprofessionellen Besucher-Zentren.
Wesentlich weniger Bücher und Heftchen haben die amerikanischen Bourbon-Brennereien und deren touristische Möglichkeiten zum Thema.

Und jetzt gibt es einen Reiseführer zu den Schweizer Produzenten? Gibt es dort denn überhaupt richtige Whisky-Brennereien?

Beide Fragen müssen mit einem deutlichen JA beantwortet werden.

Zugegeben, die Brennereien arbeiten quantitativ nicht auf so einem hohen Level wie schottische oder amerikanische Produzenten. Hier werden nicht Millionen Liter pro Jahr hergestellt, sondern lediglich ein paar Hundert oder Tausend. Hier gibt es auch keine professionellen Besucher-Zentren, in denen im Stunden-Takt Besichtigungen angeboten werden. Es gibt vor den Führungen auch keine

Filme, die den Produktionsablauf gleichzeitig in mehreren Sprachen erklären.

Schweizer Brennereien glänzen lieber mit anderen Attributen, denn die Person, die die Besucher empfängt, ist in den meisten Fällen gleichzeitig Besitzer, Produktionsleiter und Masterblender. Mangelhafte Marketing-Auftritte werden hier durch menschliche Wärme und Informationen aus erster Hand ersetzt. An heißen Brennblasen stehen keine Warnhinweise und der Geruch der gärenden Maische steigt dem Besucher

ohne hinderliche Plexiglas-Abtrennungen direkt in die Nase.

Im Gegensatz zu den »Big Boys« der Whisky-Branche produzieren die Schweizer Brennereien nicht täglich. Es ist deshalb ratsam, einen Besuch im Voraus zu vereinbaren. Mit etwas Glück kann man dann vielleicht sogar Zeuge sein, wie die Brennblasen angeheizt werden.

Die beiden Whisky-Enthusiasten Julia Nourney und Tom Wyss haben schon viele Besucher-Zentren der großen Produzenten in Schottland, Irland und den USA besucht, hatten aber auch schon oft die Gelegenheit, Schweizer Brennereien zu erkunden. Jedes Mal aufs Neue waren sie dort vom Charme der kleinen Betriebe und den intensiven Gesprächen mit den Produzenten begeistert. So entstand die Idee, diese Brennerei-Besuche interessierten Whisky-Liebhabern vorzustellen. Auf dem Weg zu den Produzenten sollen dabei – als angenehmer Nebeneffekt – auch noch einige der schönsten Fleckchen der Schweiz, Whisky-affine Bars sowie Shops mit hervorragender Auswahl vorgestellt werden.

Viel Spaß auf der Suche nach den hochprozentigen Whisky-Quellen sowie interessante Entdeckungen im Land der Eidgenossen wünschen Ihnen

Julia Nourney und Tom Wyss

DIE GESCHICHTE DES WHISK(E)YS ODER »WER HAT'S ERFUNDEN?«

Auch wenn die Schweizer für zahlreiche großartige Erfindungen, wie z. B. das Taschenmesser oder die Swatch-Uhr, verantwortlich zeichnen, den Whisk(e)y haben sie definitiv nicht erfunden, und aus dem Streit, der bis zum heutigen Tag anhält, ob nun die Schotten oder die Iren beim »Wasser des Lebens« die Nase vorn hatten, halten sie sich vornehm heraus.

Die Auseinandersetzung dieser beiden großen Whisk(e)y-Nationen dreht sich hauptsächlich darum, in welchem der beiden Länder der Whisk(e)y erstmals urkundlich erwähnt wurde. Und dieser Punkt geht zweifellos an die Schotten, denn laut Buchhaltungs-Unterlagen des königlichen Haushalts, den sogenannten

»Exchequer Rolls«, wurde schon 1494 der Mönch John Cor beauftragt, aus »eight bolls of malt« Aqua Vitae herzustellen. Solche Malz-Destillate waren zu dieser Zeit sicherlich auch schon in Irland in aller Munde, nur existieren zum Leidwesen aller Liebhaber irischen Whiskeys keinerlei Aufzeichnungen mehr aus dieser Zeit.

Da das Wissen über die Gewinnung von Alkohol durch reisende Mönche vermutlich ab dem 11. Jahrhundert in ganz Europa verbreitet wurde, kann davon ausgegangen werden, dass die Wiege des Whisk(e)ys bei den Iren liegt, denn deren Kontakte zu Rom waren wesentlich enger als die der Schotten. Während in den südlichen Ländern hauptsächlich Wein destilliert wurde, stellten die Kirchenmänner bei der Ankunft in Irland fest, dass dort keine Trauben wuchsen. Trotzdem verzichteten die Iren nicht auf berauschende Getränke, denn sie stellten eine Art Wein aus Getreide her, den sie »liquid bread«, also »flüssiges Brot«, nannten. Diese frühe Form des Bieres diente als ebenso gutes Ausgangsmaterial für Destillate und wurde von den Mönchen genau wie der Weinbrand »Aqua Vitae«, also »Wasser des Lebens« genannt.

Die Weitergabe des Wissens über die Technik der Destillation dürfte dann über die traditionell engen Beziehungen von Nordirland zu Verwandten in den schottischen Lowlands erfolgt sein.

Dieser Vorläufer des Whisk(e)ys hatte sicherlich nur wenig mit den heutigen Qualitäten zu tun. Man kannte damals auch noch nicht die Technik der Vor- und Nachlaufabtrennung. Das heißt, die Destillate müssen grauenhaft geschmeckt haben und waren in größeren Mengen sicherlich gesundheitsschädlich. Um den Geschmack etwas aufzupeppen, wurden deshalb gern Kräuter beigemischt, die mitunter sogar einen medizinischen Effekt hatten. Auch die Fassreifung war damals noch nicht üblich und die Destillate wurden meist direkt nach der Herstellung konsumiert. Fässer wurden

lediglich für den Transport eingesetzt; und man wurde vermutlich dadurch auf eine farbliche und geschmackliche Veränderung aufmerksam.

Gemeinsam ist den beiden Ursprungsländern die heutige Namensgebung, denn das Wort »Whisk(e)y« ist eine sprachliche Weiterentwicklung des gälischen Ausdrucks »uisge beatha« oder »usquebaugh«, die direkte Übersetzung von »Wasser des Lebens«. Im Laufe der Zeit, wurde die Aussprache auf den ersten Teil des Ausdrucks reduziert, aus »ischge« wurde »wischge« und so entwickelte sich langsam die heutige Benennung Whisk(e)y.

Seit den Tagen der irischen und schottischen Anfänge hat sich der Whisk(e)y enorm weiterentwickelt, die Herstellungstechniken wurden verfeinert und die Fassreifung perfektioniert. Den weltweiten Siegeszug hat der Whisk(e)y aber erst um die Jahre 1850 bis 1880 angetreten, als in Frankreich eine Reblausplage den Großteil der Reben zerstörte und dadurch das Wein- und Weinbrand-Angebot knapper wurde. Heutzutage wird Whisk(e)y fast rund um den Globus hergestellt. Überall, wo Getreide angebaut wird, finden sich auch Destillateure, die mit viel Enthusiasmus regionale Versionen des Lebenswassers herstellen.

WHISK(E)Y IM ALLGEMEINEN

Auch wenn sich die Bestimmungen für Whisk(e)y von Land zu Land unterscheiden, eines haben alle Whisk(e)ys dieser Welt gemeinsam: Sie werden aus Getreide gemacht! Außerdem müssen sie mit mindestens 40 % Vol. abgefüllt werden! Das war es dann aber auch schon wieder mit den gemeinsamen Nennern, denn schon bei der Fasslagerung gehen manche Nationen ihren eigenen Weg. Während man in Europäischen Ländern unter Whisk(e)y eine fassgelagerte Spirituose versteht, sehen das Amerikaner ganz anders. In USA darf auch ein weißes Getreidedestillat, das niemals ein Fass von innen gesehen hat, das Wort »Whiskey« auf dem Etikett tragen.

Bourbon, Irish, Scotch & Co.

Unabhängig davon, in welchem Teil der Welt man danach fragt, wo Whisk(e)y produziert wird, erhält man meistens die gleichen drei Antworten: Schottland, Irland und USA. Vereinzelt wird auch Kanada genannt, danach werden die Antworten zögerlicher. Meistens sind es dann ausgewiesene Whisk(e)y-Liebhaber, die noch weitere Länder aufzählen können. Japan, Indien, Schweden und die Schweiz? Dieser unvollständigen Liste könnten

noch Duzende weitere Länder hinzuge-
fügt werden, denn Whisk(e)y wird tatsächlich überall dort hergestellt, wo auch
Getreide wächst, selbst in so exotischen
Ländern wie Kenia, Butan und Uruguay.
Viele dieser Länder haben keine eigenständigen Whisk(e)y-Stilrichtungen entwickelt, sondern orientieren sich an traditionellen Produkten, wie sie schon seit
Generationen in den großen Whisk(e)y-
Nationen hergestellt werden. Die unterschiedlichen Schreibweisen, die eine Einteilung in Whisky und Whiskey vorsehen,
lassen daher meist Rückschlüsse auf die
Herkunft zu. So werden amerikanische
und irische Whiskeys in der Regel mit
»e« geschrieben, Schottland und alle
anderen Länder, in denen der schottische Whisky als Vorbild gilt, verzichten
auf das »e«. Die gängige Schreibweise
in der Schweiz ist variabel, sie orientiert
sich zumeist am Grundmaterial oder an
der Präferenz des Herstellers für einen

der beiden Ausdrücke. (Anmerkung der Autoren: Um eine leichtere Lesbarkeit zu gewährleisten, haben wir für dieses Buch die Schreibweise ohne »e« für Schweizer Whiskys vorgesehen. Sollten einzelne Produkte davon abweichen, werden wir selbstverständlich die bevorzugte Schreibweise des Herstellers übernehmen.)

Auch die Schweizer Produzenten haben bislang keine eigene Stilistik für ihre Whiskys geprägt. Man findet eine große Produktpalette, die von Grain Whisky über Single Malt bis hin zum Schweizer Bourbon reicht. Dabei handelt es sich nicht nur einfach um Kopien der berühmten Vorbilder, sondern um Adaptionen mit Schweizer Individualität.

Scotch Whisky

Derzeit werden in rund 110 Whisky-Brennereien Schottlands pro Jahr ca. 600 Millionen Liter reiner Alkohol hergestellt. Rund 60 % davon entstehen in nur 7 Betrieben, die mit großen, kontinuierlich arbeitenden Kolonnen-Brennapparaten Grain Whiskys (»grain« engl. für Getreide) herstellen. Diese Whiskys werden aus Rohgetreide, meist Weizen oder Mais, gemacht und sind ein wesentlicher Bestandteil der Blended Whiskys, deren Marktanteil bei rund 95 % liegt. Bekannte Marken wie Johnnie Walker, Chivas Regal, Ballantine's und White Horse sind die weltweiten Botschafter des Scotch Whisky und repräsentieren selbst in den entlegensten Winkeln des Globus den schottischen Geschmack. Blended Whiskys sind eine Mischung aus Grain Whiskys (s.o.) und Single Malt Whiskys. Diese Single Malts, die zu 100 % aus Gerstenmalz bestehen müssen, werden im Gegensatz zu den Grain Whiskys in Brennereien mit kupfernen Brennblasen hergestellt, die nur diskontinuierlich, also chargenweise, betrieben werden können. Diese Form der Destillation ist wesentlich arbeitsintensiver und erklärt, warum Single Malt Whiskys üblicherweise teurer sind als Blends. Während Blended Whiskys dafür gemacht sind, dem Gros der Konsumenten zu schmecken, die eine dauerhaft gleichbleibende Qualität suchen, entsprechen Single Malt Whiskys (»malt«

engl. für Malz, »single« für »aus einer (!) Brennerei kommend«) eher Individualisten. Die Produkte der reichlich 100 arbeitenden Betriebe in Schottland haben sehr unterschiedliche Charaktere und sprechen auch ebenso unterschiedliche Genießer-Gruppen an. Die gesetzliche Grundlage bildet die Europäische Spirituosen-Verordnung, in der z. B. die erforderliche Grundreifezeit von mindestens 3 Jahren in Holzfässern mit einem Maximalvolumen von 700 Litern festgeschrieben ist. Der darauf aufsetzende »Scotch Whisky Act« beschreibt sehr ausführlich und detailreich in einem 24-seitigen Traktat die zusätzlichen Spezifika für »Scotch Whisky«, wie z. B. die ausschließliche Herstellung, Reifung und Abfüllung des Whiskys in Schottland. Auch die Festlegung, dass Scotch Whisky – in Abweichung zur EU-Verordnung – nur in Eichenfässern reifen darf, findet man hier.

Irish Whiskey

Abgesehen von der Schreibeweise unterscheiden sich irische und schottische Whisk(e)ys auf den ersten Blick gar nicht so sehr, denn auch in Irland gibt es Grain, Blended und Single Malt Whisk(e)ys. Der zweite Blick hingegen offenbart eine völlig eigenständige, ur-irische Whiskey-Kategorie, die es sonst nirgendwo gibt: Irish Pot Still Whiskey. Die Definition sieht als Grundmaterial mindestens 51 % Rohgerste vor. Der ver-

bleibende Anteil muss Gerstenmalz sein, für die Destillation sind kupferne Brennblasen (engl. »pot still«) erforderlich. Da in Irland Blended Whiskeys nicht nur aus Grain und Single Malt Whiskeys bestehen müssen, sondern als zusätzlichen Anteil auch Pot Still Whiskeys enthalten können, heben sie sich geschmacklich oft deutlich von ihren schottischen Kollegen ab. Der Großteil aller irischen Whiskeys wird außerdem dreifach destilliert und unterscheidet sich somit vom Großteil der schottischen Whiskys, die meist nur zweifach destilliert werden. Diese Unterschiede in der Produktion geben dem Irischen Whiskey ein etwas leichteres, fruchtigeres und insgesamt süffigeres Geschmacksprofil. Die gesetzliche Grundlage bildet wiederum die Europäische Spirituosen-Verordnung. Die Regelungen, die einen Whisk(e)y zum Irish Whiskey machen, sind im »Irish Whiskey Act« auf einer einzelnen, eng beschriebenen Seite aufgeführt. Neben der ausschließlichen Herstellung und Reifung in der Republik Irland bzw. in Nordirland, gilt auch für Irische Whiskeys die ausnahmslose Lagerung in Eichenfässern.

Die Vielfalt Amerikas und ihre historischen Gründe

In den Ländern der Alten Welt wurde für die Whisk(e)y-Produktion traditionell Gerstenmalz eingesetzt, das eine große Alkohol-Ausbeute garantierte und auch bei der Bierproduktion erfolgreich Verwendung fand. Aufgrund der geeigneten Böden und der passenden klimatischen Bedingungen fand die Gerste eine weite Verbreitung in den klassischen Ländern der Whisk(e)y-Produktion.

Größte Flexibilität bewiesen die irischen und schottischen Auswanderer, als sie ab dem 16. Jahrhundert in der Neuen Welt zunächst nur Rum vorfanden und dann auch noch feststellen mussten, dass die von ihnen bevorzugte Gerste nicht so üppig wuchs wie in ihrer alten Heimat. Weizen und Roggen hingegen waren sehr ertragreich und haderten auch nicht mit den Böden, die die Siedler auf ihrem Weg nach Westen vorfanden. Dort stießen sie zusätzlich auf eine Getreidesorte, die von den amerikanischen Ureinwohnern bereits ansatzweise kultiviert war und »maize« genannt wurde. Gerste wurde deshalb peu à peu durch andere verfügbare Getreidesorten ersetzt. Sobald die Siedler und ihre Nachkommen herausfanden, dass insbesondere die Mischung von Mais (engl. corn), Weizen (engl. wheat) und Roggen (engl. rye) einen größeren Alkohol-Ertrag versprach, verzichtete man bis auf eine kleine Portion Gerstenmalz, das für die Alkoholbildung eine wichtige Rolle spielt, fast gänzlich auf das vertraute Getreide.

Bourbon

Der Whiskey, dessen Rezept aus der Not geboren war, beeinflusste die Geschichte einer ganzen Nation, befeuerte (Bürger-) Kriege und half bei der Friedensfindung. Und auch das jahrelange Produktionsverbot während der Prohibition (1920–1933) konnte dem Mythos Bourbon nichts anhaben. Die Bezeichnung »native spirit of America« sagt schon viel über den Stellenwert aus, den dieser Whiskey in den Vereinigten Staaten genießt.

Der Gesetzgeber schreibt vor, dass Bourbon auf dem Gebiet der USA und mit mindestens 51 % Mais hergestellt werden muss. Für die Reifung werden frische Eichenfässer vorgeschrieben, deren Innenseiten mit einer extrem heißen Flamme ausgekohlt (»ge-charred«) wurden. Bourbon-Whiskeys unterscheiden sich hauptsächlich durch ihre Rezeptur, die sogenannte »mash-bill«. So verwenden die meisten Produzenten rund 2/3 Mais, circa 15 % Gerstenmalz und heben sich geschmacklich von den anderen Herstellern durch den Einsatz von Weizen oder Roggen für den verbleibenden Anteil ab. Eine Mindestreifezeit im Fass, wie sie der Gesetzgeber in vielen anderen Ländern vorschreibt, gibt es für den Bourbon-Whiskey nicht. Und eine detaillierte Altersangabe auf den Flaschen, wie man sie aus vielen anderen Whisk(e)y-Ländern kennt, ist auch nur selten anzutreffen. Dafür signalisiert das Wörtchen »straight« dem Konsumenten eine mindestens vierjährige Fassreifung. Gelegentlich wird dieser Ausdruck auch schon für jüngere Bourbons verwendet, muss dann aber durch eine genaue Altersangabe ergänzt werden, deren Minimum zwei Jahre beträgt.

Bourbon darf nicht gefärbt werden! Man kann sich also immer auf den natürlichen Einfluss der Fässer bei der Entwicklung der warmen Gold- und Brauntöne im Whiskey verlassen.

Rye-Whiskey

Vermutlich sogar noch etwas eher als der Bourbon-Whiskey entwickelte sich in den nordöstlichen Staaten der USA und in Kanada der Roggen-Whiskey, der bis zum heutigen Tag im Schatten des großen Bruders steht. Die Ursachen waren die gleichen: die Einwanderer aus der alten Welt brachten ihre importierte Gerstensaat nicht zu gewohntem Ertrag, mussten deshalb auf ihr gängiges »Dram« (gälisch für »ein Schlückchen) verzichten, wollten sich aber auch nicht mit dem landesweit verfügbaren Rum aus der Karibik begnügen. Die Erkenntnis, dass man aus dem robusten und genügsamen Roggen, der auch in den nördlicheren Regionen noch gut wächst, ein wohlschmeckendes Destillat machen kann, dürfte die frühen Siedler mit der oft unzugänglichen Wildnis und der damit verbundenen Einsamkeit versöhnt haben. Während der Roggen-Whiskey (engl. rye) auf dem Gebiet der USA eine vergleichbare technische Entwicklung wie der Bourbon-Whiskey genommen hat, sich bis auf das Grundmaterial (mind. 51 % Roggen) auch gesetzlich nicht vom Bourbon-Whiskey unterscheidet, sind die Ursprünge in Kanada offensichtlich fast vergessen. Umgangssprachlich spricht man bei Kanadischem Whisky zwar immer noch gern von Roggen-Whisky, tatsächlich ist der Anteil von Roggen in den meisten kommerziellen Produkten aber sehr gering, wenn überhaupt vorhanden.

Obwohl der Roggen-Whisk(e)y in den Zeiten der Prohibition sowohl in Kanada als auch in den USA fast völlig in Vergessenheit geriet, hatte er in den 1920-ern noch eine große Anhängerschaft. Zahlreiche Cocktail-Rezepte aus dieser Zeit, die auf dem intensiven Geschmack des Roggens basieren, finden heutzutage wieder ihren Weg auf die Menü-Karten angesagter Bars und kurbeln die weltweite Renaissance einer nahezu vergessenen Ära an.

Moonshine

Hierzulande kaum vorstellbar, in den USA aber nicht mehr wegzudenken, ist die Rückkehr des farblosen Whiskys, der üblicherweise nie mit einem Fass in Berührung kommt. Der Moonshine hatte lange Zeit den Anstrich der Illegalität, denn er verdankt seinen Namen der heimlichen Destillation während mondheller Nächte. Wie in früheren, ungesetzlichen Zeiten wird er aus einer Getreidemischung gemacht, die hauptsächlich aus Mais besteht. Damit man mit dem geschroteten Mais Alkohol bilden kann, wird die Mischung entweder mit Malz oder mit Zuckerrohr-Sirup (dann oftmals Sugarshine genannt) ergänzt. Diese Sorte Whiskey, die in Europa gesetzlich nicht anerkannt ist, erlebt – teilweise mit kuriosen Aromen versetzt – derzeit ein großes Comeback in Amerika.

Corn-Whiskey

Es handelt sich dabei ebenfalls um eine Whiskey-Art, die fast in Vergessenheit geriet und derzeit eine große Wiederbelebung in den USA erfährt. Diese meist ohne jegliche Fasslagerung abgefüllte Sorte besteht zu mindestens 80 % aus Mais (engl. corn) und ist daher dem Moonshine sehr ähnlich. Die wenigen Sorten, die in den Genuss einer Fassreifung kommen, haben meist nur eine zart-gelbe Tönung. Für diese Form von Whiskey ist nämlich keine Reifung in frischen Fässern vonnöten, außerdem dauert die Lagerung selten länger als ein oder zwei Monate.

Einst und jetzt

Abgesehen von den klassischen Getreidesorten, die schon seit Generationen diesseits und jenseits des großen Teiches eingesetzt werden, gibt es zahlreiche weitere Varianten, die in den meisten Ländern rund um den Globus zur Whisk(e)y-Produktion zulässig sind. Die Rede ist von Rohgetreide-Sorten wie Weizen, Dinkel, Hirse, Hafer, Reis, Emmer, Tritikale, Einkorn, Sorghum, Teff etc. Manche Länder dulden sogar Pseudo-Getreidevarianten wie Amarant, Quinoa, Buchweizen oder Hanf. Hinzu kommt, dass auch das Interesse an ungewöhnlichen Malzsorten erwacht ist und professionelle Mälzereien neben zahllosen

Ausprägungen von Gerstenmalz nun auch verstärkt Malz auf Dinkel-, Roggen-, Weizen- und Emmerbasis anbieten. Den Möglichkeiten, Nischenwhiskys herzustellen, sind somit Tür und Tor geöffnet.

Wer den Trend zu ungewöhnlichen Whisk(e)ys begründet hat, ist nicht mehr wirklich nachvollziehbar und gleich der Frage, wer zuerst da war – die Henne oder das Ei. Waren es die amerikanischen Craft Distillers (handwerklich arbeitende Kleinbrenner), die seit ca. 20 Jahren aus jeder erdenklichen Getreideart Whiskey machen? Oder waren es die zahlreichen Destillateure der kontinentaleuropäischen Länder, die die rückläufige Nachfrage ihrer Obstdestillate mit innovativen Whisky-Produkten zu kompensieren suchten? Die Schweizer sind auf jeden Fall seit dem 01. Juli 1999, dem ersten Tag der legalen Whisky-Produktion in der Schweiz, ganz vorn mit dabei!

SCHWEIZER WHISKY IM BESONDEREN

Der Rückblick auf die vergangen 16 Jahre, seit denen in der Schweiz Whisky hergestellt werden darf, kristallisiert bislang noch keinen eindeutigen Trend heraus, den man guten Gewissens als typischen Schweizer Whisky bezeichnen könnte. Derzeit sind die rund 35 Produzenten anscheinend noch damit beschäftigt, von den Erfahrungen der anderen Whisk(e)y-Nationen zu lernen und bekannte Produktionsmethoden auf Schweizer Verhältnisse anzupassen. So gibt es in den 26 Kantonen zahlreiche Single-Malt-Produkte aus heimischer Gerste; aus lokal wachsenden Getreidesorten werden Grain Whiskys gemacht und der im Rheintal besonders üppig wachsende Ribelmais dient als Grundlage für Schweizer Bourbon. Einen zusätzlichen eidgenössischen Anstrich erhalten die Whiskys oft durch die Reifung in Fässern, die zuvor mit Schweizer Weinen oder Bieren befüllt waren oder sogar aus Schweizer Holzsorten von ansässigen Küfern hergestellt wurden. Dem Ideenreichtum sind jedoch legislative Grenzen gesetzt.

Eidgenössische Gesetze

Damit Whisky letztendlich auch Whisky bleibt, Qualitätsstandards festgelegt werden können und traditionelle Produkte keinem produktionstechnischen »Wildwuchs« zum Opfer fallen, gibt es staatlich reglementierte Grundlagen sowie Ge- und Verbote für die Herstellung, Reifung und den Vertrieb von Spirituosen.

Da die Schweiz ein völlig unabhängiges Land ist und auch nicht zur Europäischen Union gehört, gelten natürlich auch nicht die Gesetze der EU. Die Regularien der Schweiz sind denen der Europäischen Spirituosen-Verordnung aber sehr ähnlich. Man findet sie im sogenannten »Alkoholgesetz« des Eidgenössischen Department des Innern (EDI) und die Befolgung der Regeln wird von der Eidgenössischen Alkohol-Verwaltung (EAV) sowie dem Bundesamt für Gesundheit (BAG) überwacht.

Die Bestimmungen für Whisky sind unter Artikel 60 mit nur vier Paragraphen ausgesprochen kurz und prägnant zusammengefasst. Im Gegensatz zu den sehr ausführlich gehaltenen Bestimmungen der Scotch und Irish Whisk(e)y Acts (siehe vorheriges Kapitel), die jeden Teil der Produktion detailreich wie ein eng-geschnürtes Korsett bestimmen, wirkt das Schweizer Alkoholgesetz fast spärlich, ermöglicht den Produzenten dadurch aber auch weitgehende Freiheiten.

Einschränkungen hinsichtlich der Verwendung von Getreidesorten gibt es nicht, genauso wenig werden bestimmte Holzarten für die Fasslagerung vorgeschrieben. Überhaupt wird der gesamte Komplex der Reifung in nur einem einzigen Satz abgehandelt, der sich auf die mindestens dreijährige Lagerzeit in Holzfässern bezieht und die maximale Fassgröße auf 700 Liter beschränkt. Paragraph 4 ist noch knapper und damit vermutlich der kürzeste, den die Gesetzgebung jemals gesehen hat: »Whisky oder Whiskey darf nicht gesüsst werden.«

So viel Freiraum die spärliche Formulierung dieser Bestimmungen auch lässt, so viele Einschränkungen kann man erkennen, wenn man bereit ist, zwischen den Zeilen zu lesen. Einer der wichtigsten Punkte dabei ist wohl die explizite Erwähnung von Getreide für die Herstellung von Whisky. Das verbietet dann natürlich die Destillation von fertigem Bier, denn darin ist Hopfen enthalten, der nicht zur Getreidekategorie zählt. Ein destilliertes Bier, das für mehr als 3 Jahre holzfassgelagert wurde, muss folglich als »fassgereifter Bierbrand«

deklariert werden und darf das Wort »Whisky« nicht auf dem Etikett tragen.

Die Bestimmung bezüglich des minimalen Alkoholgehalts, der für das fertige Whisky-Produkt mindestens 40 % Vol. beträgt, wird im Anhang geregelt. An anderer Stelle findet sich ein Kapitel, das Pflichtangaben und Formulierungen auf Etiketten festlegt.

Die Kraft des Getreides

Der Selbstversorgungsgrad des benötigten Getreides in der Schweiz liegt nur bei rund 50 %. Man muss also davon ausgehen, dass die gleiche Menge an Gerste, Weizen, Roggen & Co., die in der Schweiz angebaut und geerntet wird, zusätzlich noch einmal importiert werden muss, um den Bedarf an Brot-, Brau-, und Futtergetreide zu decken. Mit diesem Wissen erscheint jedes einzelne Korn, das auf Schweizer Grund und Boden wächst und das Schweizer Brenner anschließend für die Herstellung ihrer Whiskys verwenden, umso wertvoller.

Die wesentlichen Faktoren für die Bandbreite des angebauten Getreides sind die klimatischen Bedingungen und die Bodenbeschaffenheit, und diese Faktoren sind in der Schweiz sehr variantenreich. Sie zeigen sich in sonnenverwöhnten Ebenen mit fruchtbaren Böden, aber auch in wettergegerbten Hochtälern mit steinigem Untergrund, dem man jedes Pflänzchen abtrotzen muss.

Das beliebteste Getreide in der Schweiz ist der Weizen, der hauptsächlich in Bäckereien Verwendung findet. An zweiter Stelle steht schon die Gerste, die vorwiegend gemälzt wird, um dann in Form von Bier durch die Kehlen der Schweizer zu rinnen. Diese Gerste ist es auch, die vielen Brennereien als Grundmaterial ihrer Single Malt Whiskys dient. Egal ob Brauer oder Brenner, beide Berufsgruppen haben hohe Anforderungen an ihr Arbeitsmaterial. Deshalb hat insbesondere die Gerste in den vergangenen Jahrzehnten eine große Wandlung erfahren. Durch Kreuzungen wurden viele neue Varianten entwickelt, die eine bessere Anpassung an die klimatischen Bedingungen zeigen und somit einen höheren Ertrag versprechen. Es dauert circa 15 Jahre, bis eine neue Gerstenzüchtung gefunden und ausreichend getestet ist, um sie flächendeckend in der Landschaft einzusetzen. Der große Fortschritt auf diesem Gebiet hat die Wiedereinführung des fast vergessenen Bergackerbaus ermöglicht. Auf kleinen Feldern, teilweise in steilen Lagen und auf steinigen Böden trotzen nun wieder Gerstenfelder den zeitweise extremen Witterungen in Höhenlagen von 1.200 bis 1.700 Metern. Einer der Initiatoren und größter Abnehmer der Bergackerbauern, die hauptsächlich in Graubünden zu finden sind, ist die

Brauerei Locher aus Appenzell, die für fast alle ihre Bier- und Whisky-Produkte auf die Kraft und Vitalität der Höhengerste setzt und besten Geschmack garantiert.

Die heilige Allianz der Brauer und Brenner

Die Schweiz verfügt über eine stattliche Anzahl von Brauereien, obwohl in der Allgemeinheit wohl nie der Eindruck einer Biernation entsteht. Der weltweite Boom der Gourmet-Biere hat auch vor dem Alpenstaat nicht Halt gemacht und zur zusätzlichen Neugründung zahlreicher Betriebe geführt, die ihre Kunden mit lokalen und außergewöhnlichen Brau-Spezialitäten verwöhnen. Bis hierher unterscheidet sich die Schweiz noch kein bisschen von vielen anderen Ländern. Was sie in Bezug auf Whisky so besonders macht, ist die enge Verbindung zwischen Brauern und Brennern.

Betrachtet man andere Länder, die sich in den vergangenen Jahren und Jahrzehnten einen Weg auf die weltweite Whisky-Landkarte gebahnt haben, so finden sich dort hauptsächlich Neugründungen von Brennereien, die sich ausschließlich auf Whisky konzentrieren, oder bestehende Obstbrennereien, die Whisky als zusätzliches Produkt in ihr Portfolio aufnehmen. Initiativen von Brauereien sind hingegen selten. Die kurze, erst 16-jährige Whisky-

Historie der Schweiz zeigt da eine ganz andere Entwicklung. Bis auf wenige Ausnahmen entstehen fast alle Schweizer Whiskys mit der aktiven Hilfe von Brauereien, sofern die Produktion nicht sogar gänzlich in Brauerhand liegt.

Bei den Whiskys, deren Herstellung auf die Schultern verschiedener Betriebe aufgeteilt ist, übernimmt der jeweilige Part der Allianz meist die Bereiche, für die er traditionell am besten geeignet ist. Die Brauer kümmern sich zunächst um die Erstellung der Maische und um die anschließende Vergärung, also um Produktionsschritte, die auch bei der Bierherstellung ihr tägliches Brot sind. Die schwachalkoholische Würze geht dann in die Hände der Brenner über, die sich um die Destillation und die Fassreifung kümmern.

Nachfolgend sind einige Beispiele für diese Form der Zusammenarbeit aufgeführt:

> *OurBeer Whisky* ist eine Kooperation von Unser Bier in Basel und der Brennerei Humbel in Stetten.

> Der *Single Lakeland Whisky* entsteht in Zusammenarbeit der Brauerei Rugen in Matten und der Brennerei Zürcher in Port am Bieler See.

> *Öufi-Whisky* ist das Produkt der Brauerei Öufi in Solothurn und der Brennerei Grogg in Altreu bei Selzach.

> *Johnett,* dessen erste Produktions-schritte bei der Brauerei Baar entstehen, wird dann von der nahe gelegenen Brennerei Etter in Zug vollendet.

> Die Liechtensteiner Brennerei *Telser* bekommt Unterstützung vom lokalen Brauhaus des Fürstentums, das nach vorgegebener Rezeptur einmaischt.

> *Two Ravens,* der Whisky der Gebr. Kümin, nimmt in der Brauerei Rosengarten in Einsiedeln seinen Anfang.

Diese Liste könnte mit weiteren Beispielen fortgesetzt werden.

Neben den bereits aufgeführten Kooperationen gibt es auch ein paar Brauereien, die ihren Whisky gänzlich in Eigenregie herstellen, und auch das ist eine Schweizer Besonderheit, die in anderen Ländern nur selten anzutreffen ist. Die bekanntesten Beispiele dafür sind:

> Die Brauerei Locher in Appenzell produziert den *Säntis Malt.*

> In Matten bei Interlaken entsteht der *Swiss Highland Malt* in der Rugen Brauerei.

> Die Whiskys der Marke *Langatun* werden vom früheren Braumeister in den Räumen der Hasli-Bräu in Langenthal hergestellt. Seit 2015 gibt es aber eine räumliche Trennung.

Warum gerade die Brauer in der Schweiz so eine aktive Rolle bei der Whisky-Produktion spielen, ist nicht so einfach erkennbar. Ein möglicher Grund dafür könnte sein, dass die Geschichte des Schweizer Whiskys noch verhältnismäßig jung ist. Im Gegensatz zu anderen Ländern konnten hier keine Strukturen über Generationen hinweg wachsen. Als am 01. Juli 1999 plötzlich die staatliche Freigabe zur Whisky-Produktion erfolgte, haben manche Produzenten vielleicht nicht allzu viel Zeit verlieren wollen und daher auf die technische Hilfe der hochprofessionell ausgestatteten Brauereien gebaut. Die Fremdvergabe einzelner Produktionsschritte bedeutet eine extreme Vereinfachung der Whisky-Herstellung für den Destillateur und erspart ihm die finanzintensive Investition in aufwendiges Equipment. Und die bisherigen Erfahrungen der Schweizer Betriebe waren offensichtlich positiv, ansonsten hätte sich dieses Konzept seit 1999 sicherlich längst verändert.

Die Technik der Schweizer Brennereien

Vergleicht man das Equipment einer normalen Schweizer Brennerei mit dem von anderen Betrieben im deutschsprachigen und kontinentaleuropäischen Raum, so wird man kaum Unterschiede feststellen. Vergleicht man die Technik allerdings mit der von schottischen oder irischen Brennereien, könnte der Unterschied nicht größer sein.

Auf den ersten Blick lässt sich das an den Brennblasen festmachen, denn die sind in den traditionellen Whisk(e)y-Ländern auf Größe ausgelegt. Die Füllmengen der zwiebel- bis birnenförmigen, kupfernen Brennblasen reichen von rund 2.000 Litern (in Schottland) bis rund 70.000 Liter (in Irland). Da die Brennblasen über keine Verstärker-Einheiten verfügen, müssen alle Whisk(e)ys mindestens zweimal destilliert werden.

Die Brennblasen der Schweizer Brennereien, die hier auch gern Brennhafen oder -häfeli genannt werden, sehen hingegen ganz anders aus. Sie sind meist rundlich, fast kugelartig, verfügen normalerweise über ein doppelwandiges Wasser- oder Dampfbad, das den unteren Teil des Brennkessels umgibt. Ihr Fassungsvermögen liegt in der Regel nur bei 150 bis 1.000 Liter. Dafür verfügen die meisten Brennanlagen über eine Verstärker-Kolonne, die entweder direkt auf der Blase aufsitzt oder neben dem Kessel montiert ist. Abhängig vom Hersteller und der Größe der Anlage besitzen diese Einheiten drei oder mehr Unterteilungen, in denen auf jeder einzelnen Ebene eine zusätzliche Reinigung des Destillates durch weiteres Verdampfen und somit eine Erhöhung des Alkoholgehaltes stattfindet.

Fast alle Anlagen in der Schweiz verfügen noch zusätzlich über einen Dephlegmator oder Vorkühler, der oberhalb der Kolonne montiert ist. Wie in einem Kondensator wird der aufsteigende Alkoholdampf von umfließendem, kaltem Wasser empfangen und größtenteils verflüssigt. Dieser Effekt nennt sich Rückfluss (reflux) und dient der weiteren Reinigung des Destillates.

Bei solchen Brennblasen, die lediglich die Herstellung aus Kupfer mit den großen Brüdern aus Schottland und Irland gemeinsam haben, könnte man also mit einer einfachen Destillation auskommen. Der so erzielte, durchschnittliche Alkoholgehalt liegt daher meist höher als bei klassischen, schottischen Zweifach-Destillation.

Die Kupferschmiede dieser in der Schweiz verwendeten Brennblasen sind meist in Deutschland zu finden und beliefern seit Generationen Destillateure rund um den Globus. Um zumindest eine optische Unterscheidung zur klassischen Obstbrennblase zu schaffen, bieten die Anlagenhersteller zunehmend »Whisky-Helme« als Aufsatz auf die Blase an, die aufgrund ihrer Zwiebelform stärker an traditionelle Pot-Still- oder Alambic-Anlagen erinnern. Außerdem ermöglichen die Helme dem Destillat eine größere, Schwefel absorbierende Kupferoberfläche während der Herstellung. Die modernen Anlagen mit Helmen können oft auch, nur durch das simple Umlegen eines Hebels, ohne Verstärker-Einheit betrieben werden, um eine klassische Zweifach-Destillation zu ermöglichen.

Auch der nähere Blick auf Maische-Tonne (mash tun) und Vergärbehälter (wash back) lohnt, denn diese Behälter unterscheiden sich ebenfalls von denen, die in Schottland und Irland eingesetzt werden. Wieder ist es in erster Linie die unterschiedliche Größe, die ins Auge sticht. Sofern ein Schweizer Whisky-Produzent mit einer Brauerei zusammenarbeitet oder Brau-Equipment verwendet, ist der technische Unterschied zwischen einer »mash tun« und einem Läuterbottich gar nicht so wesentlich. Wer keinen Zugang zu solch einer Anlage hat, maischt den Getreideschrot in großen Behältern aus Edelstahl oder Fiberglas ein und mischt mit einem externen Rührwerk. Da es bei dieser Methode keine Möglichkeit gibt, den Getreidebrei von der Flüssigkeit zu trennen, wird der Treber meist mitdestilliert.

Die der Maische folgende Vergärung findet im Gegensatz zu Schottland und Irland nicht in offenen Holz- oder Gusseisen-Behältern statt, die dort oft nur notdürftig mit Holzplanken abgedeckt werden. Die Schweizer Brenner verwenden viel lieber temperaturkontrollierte Edelstahltanks oder die allseits präsenten Polyethylen-Tonnen, die auch für Obstmaischen Verwendung finden. Beide Behälterarten werden dicht verschlossen und ermöglich durch einen speziellen Aufsatz zwar das Entweichen der Gärgase, nicht aber das Eindringen von Luft und Bakterien.

Wie professionell eine Brennerei in der Schweiz letztendlich ausgestattet ist, hängt im Wesentlichen von den jährlichen Produktionsmengen ab, denn man kann auch mit einfachen Mitteln einen guten Whisky herstellen.

Rauch und Torf
im alpinen Klima

Auch wenn sich das der ein oder andere wünschen würde: Torfigen Whisky wie aus Schottland wird es von Schweizer Produzenten nicht geben!

Zwar finden sich auch in der Schweiz einige Torfflächen, aber sie entwickelten sich aus ganz anderen Pflanzengattungen als der küstennahe Torf, der in Schottland und Irland gestochen wird. Der Schweizer Torf würde somit auch ganz andere Aromen im Whisky zeigen.

Schon vor fast 30 Jahren wurden die verbliebenen Torfmoore der Schweiz unter Naturschutz gestellt und der Torfabbau bis auf zwei Ausnahmen verboten. Eine der beiden heutzutage noch genutzten Abbau-Flächen liegt zwischen dem Zürich- und dem Hallwilersee, die andere Fläche findet sich im Gontenmoos im Appenzeller Land. Hier gibt es auch ein kleines Museum, das den vergangenen Torfabbau der Schweiz zum Thema hat. Die wenigen Torfsoden, die lediglich zur Erläuterung der Technik während Führungen gestochen werden dürfen, finden nach der Trocknung ihren Weg zur Brauerei Locher in Appenzell.

Wer jetzt gleich frohlockt und hofft, doch noch einen rein-torfigen Schweizer Whisky zu finden, wird enttäuscht, denn die Macher des Säntis Malt benutzen den Torf lediglich zum »Re-Peaten« ihres Malzes. Dieser Begriff, der in keinem Fachbuch steht, ist eine Wortschöpfung der Autorin und bezeichnet die nachträgliche Befeuchtung bereits fertig gemälzter Gerste mit der nochmaligen Trocknung über einem Torffeuer.

Mit dieser Technik unterscheiden sich die Appenzeller von der traditionellen, schottischen Methode, den rauchigen, phenolischen und manchmal auch medizinischen Geschmack in den Whisky zu bringen. Dort wird – zumeist in großen, gewerblichen »maltings« (engl. für Mälzerei) – die Gerste nach einer fünftägigen Keimung über einem »peat fire« (engl. für Torffeuer) getrocknet.

Im Gegensatz zu Schottland gibt es im kontinentaleuropäischen Raum keine Mälzereien, die torfiges Malz anbieten. Einerseits würden sie mit den intensiven Aromen des Torfrauches ihre Anlagen verunreinigen, andererseits produzieren die hiesigen Mälzereien ausschließlich Braumalze, und für diese ist die Verwendung von Torf aufgrund von Acrylamid-Rückständen im Malz verboten. Um trotzdem Rauchmalze anbieten zu können, die ja auch von Bierbrauern gern verwendet werden, darren einheimische Mälzer mit Buchenholz, das jedoch im Vergleich zu Torf eher einen Geschmack nach geräuchertem Schinken im Malz zeigt und auch nicht so intensiv ist.

Diese Rauchmalze, die es je nach Mälzerei in verschiedenen Intensitäten gibt, werden von den Schweizer Whisky-Produzenten meist aber nicht pur verwendet. Sofern Sie Teil einer Malzmischung sind, treten sie im Single Malt nicht wesentlich hervor, sondern tragen nur zur geschmacklichen Komplexität bei.

Um doch einen torfigen Whisky anbieten zu können, versuchen kontinentaleuropäische Whisky-Produzenten mitunter, Torfmalz direkt aus Schottland zu importieren. Doch das ist eine teure Angelegenheit und die schottischen Mälzereien scheinen auf diesem Gebiet ihrem Ruf alle Ehre zu machen – sie sind geizig und rücken selten solches Malz heraus.

Übrigens: Derzeit gibt es nur 7 Brennereien in Schottland, in denen der aufwendige und personalintensive Prozess des traditionellen Mälzens auf Tennen stattfindet. Und auch in der Schweiz gibt es eine Brennerei: Urs »Herr« Lüthy, baut auf seinem Hof selbst Braugerste an und mälzt sie dann auf traditionelle Weise von Hand, so kann er seinen Whisky »pure swiss« nennen, denn alle Zutaten kommen garantiert aus der Schweiz.

Holzfassreifung oder »die Qual der Wahl«

Die Schweizer Destillateure haben keinerlei Einschränkungen für die Reifung ihrer Whiskys, solange sie Holzfässer verwenden und die dreijährige Mindestreifezeit in diesen Fässern einhalten. Diese gesetzlichen Grundlagen eröffnen ihnen eine große Palette an Möglichkeiten, die in voller Breite von Ihnen genutzt wird.

Neben der traditionellen Reifung in ehemaligen Bourbon- und Sherry-Fässern, wie sie hauptsächlich in Irland und Schottland praktiziert wird, nutzen Schweizer Produzenten auch gerne Fässer, zu denen sie einen näheren Bezug haben. Und da stehen Weinfässer, die bei einheimischen Winzern zum Einsatz gekommen sind, zuoberst auf der Wunschliste. Diese Fässer werden zumeist als »Barrique« bezeichnet, obwohl es für diesen Begriff keine genau umrissene Definition gibt. Es lohnt sich also immer nachzufragen!

Mit der Bezeichnung »barrique-gereift« signalisieren manche Produzenten lediglich, dass ihr Whisky Holzfass-gereift wurde, also die gesetzlichen Mindestanforderungen erfüllt hat. Andere bezeichnen damit explizit die Reifung in Fässern aus französischer Eiche mit einem Fassungsvermögen von rund 225 Litern, in denen vorher Wein gelagert wurde. Verwirrungen sind also garantiert, zudem französische Küfereien diesen Begriff mitunter auch für größere Fässer mit 350 Litern Inhalt oder mehr nutzen. Und selbst wer als kleinsten gemeinsamen Nenner die französische Eiche annehmen möchte, erhält noch keine Informationen darüber, um welche Art von Eiche es sich handelt. Denn je nach Region gibt es in Frankreich Trauben- (z. B. Allier, Nevers, Tronçais) oder Stieleichen (z. B. Limousin), die ganz unterschiedliche Aromen im Wein oder Whisky freisetzen.

Die Möglichkeiten, Whisky in Weinfässern zu reifen, sind also schon beim klassischen Barrique-Fass nahezu grenzenlos. Wem diese Varianten noch nicht genügen, kann durch unterschiedliche Weine, mit denen diese Fässer vorbelegt waren, Geschmacksunterschiede erzielen. Oder er benutzt Fässer aus Eichen, die in der Schweiz, in Spanien, in Deutschland oder in USA gewachsen sind, nicht zu vergessen die ganzen Weinfässer aus Ungarischer oder Slowenischer Eiche, außerdem gibt es ja auch noch Eichen kaukasischen Ursprungs und aus vielen anderen Ecken der Welt. Jede dieser Eichensorten ist ganz individuell. Sie variieren in der Größe der Holzporen, die es dem Whisky erlauben, unterschiedlich tief in das Holz einzudringen. Sie haben beim Wachstum standortspezifische Mineralien aufgenommen und stellen dem Whisky unterschiedliche Intensitäten von Gerbstoffen (Tannine) entgegen. Die Aromen, die sie an den Whisky abgeben, reichen von süß, fruchtig, vanillig bis hin zu würzig, pfeffrig und bitter. Allein diese zahlreichen Variablen der Eichenfass-Reifung erscheinen vielen Produzenten schon wie ein Buch mit sieben Siegeln.

Doch wie wäre es mal mit Fässern aus Kastanienholz? Oder Akazie? Vielleicht auch Maulbeere? Oder Esche? Auch Nuss-, Zwetschgen- und Kirschholz geben interessante Aromen ab. Nicht zu vergessen, dass die Varianten, die sich aus den ursprünglichen Standorten dieser Bäume ergeben, genauso groß wie bei Eichenholz sind.

Destillateure müssen gleichzeitig also auch Holz-Experten sein, um für ihren Whisky das richtige Fass zu finden, denn die Reifung ist für rund zwei Drittel des Geschmacks im finalen Produkt verantwortlich.

Neben der reinen Wahl des Holzes haben die Hersteller während der Reifung noch mehr Stellschrauben, mit denen sie am Geschmack ihres Whiskys etwas drehen können. Zum einen ist da die Größe der Fässer. Der Whisky reift in kleineren Fässern schneller, da der flüssige Inhalt einen exponentiell größeren Holzkontakt aufweist. Auch das Lagerklima – heiß und trocken oder eher kühl und feucht – hat einen großen Einfluss auf die Reife-Geschwindigkeit. Noch viel wichtiger ist aber die Fassinnenbehandlung, für die schon die Küferei bei der Fassherstellung verantwortlich ist. Abhängig von Dauer (bis zu 45 Minuten) und Temperatur, die das Fass beim vorsichtigen Biegen der Holzdauben über einer offenen Flamme verbringt, entstehen verschieden starke Röststufen. Dadurch öffnen bzw. schließen sich die Poren des Holzes unterschiedlich stark und setzen durch das Karamellisieren der restlichen Holzfeuchtigkeit verschiedene Aromen frei. Fässer, die in den USA hergestellt werden und vor dem Einsatz in Europa meist der

Reifung von Bourbon-Whiskey dienen, erhalten üblicherweise ein zusätzliches »Charring«. Dieses Auskohlen der Fassinnenseite mit einer extrem heißen Flamme, das nur circa 45 Sekunden dauert, verbrennt die oberste Holzschicht und hinterlässt eine Art Aktivkohle, die der Reinigung des Destillates dient. Die Hitzebehandlung verstärkt zusätzlich Aromen im Holz wie z.B. Lignin, das sich im späteren Whisky mit einer Vanille-Note darstellt.

Schweizer Produzenten setzen aber nicht nur auf Wein-, Ex-Bourbon- und Ex-Sherry-Fässer. Manche Hersteller verwenden auch gern frische Fässer, die vorher noch nie belegt waren und direkt vom Küfer kommen. Destillat-Fässer, die der Reifung von z.B. Cognac oder einem Zwetschgenbrand dienten, stehen hoch im Kurs. Dessertwein-Fässer aus Madeira, Malaga oder Portugal finden zunehmend Anhänger. Und die Appenzeller Brauerei Locher garantiert, dass jeder ihrer Whiskys zumindest eine kurze Zeit im Bierfass verbracht hat. Wer eine echte Vielfalt an Holzeinflüssen erfahren und erschmecken möchte, kommt in der Schweiz also auf seine Kosten.

Genau wie in anderen Ländern dürfen die Eidgenossen für die Reifung ihrer Whiskys übrigens keine Holzchips verwenden. Der Gesetzgeber sieht die ausdrückliche Lagerung in Fässern vor!

Das besondere Klima

Bei fast jeder geführten Brennerei-besichtigung in Schottland wird auf das außergewöhnliche Klima des Landes hin-gewiesen, das keinen unwesentlichen Anteil an der Exzellenz des Scotch hat, weil es oft feucht, selten zu warm und durch den Golfstrom im Winter nahezu frostfrei ist.

Heißt das im Umkehrschluss, dass man nirgendwo anders guten Whisky machen kann? Iren, Kanadier und Amerikaner sehen das bestimmt ganz anders. Und auch in der Schweiz sollte man den schottischen Standpunkt kritisch be-trachten, denn es gibt kaum ein Land auf dieser Welt, das auf so kleinem Raum mit so unterschiedlichen klimatischen Be-dingungen aufwarten kann. Von frucht-baren Ebenen bis hin zum hochalpinen Gebiet, das rund ums Jahr schneebedeckt ist, gibt es alle erdenklichen Landschafts-formen in der Schweiz und die Whisky-Hersteller wissen diese Unterschiede für ihre Zwecke zu nutzen.

Die vorwiegend landwirtschaftlich ge-prägte Nordschweiz liefert ihnen Weizen und Mais, in den Hochlagen der alpinen Ausläufer gedeiht geschmacksintensive Gerste (siehe Kapitel »Die Kraft des Ge-treides«) und selbst die Gletscher der Hochalpen sind nicht nutzlos für den Whisky. Sie sind das – hoffentlich – nie endende Reservoir für reines Wasser.

Viele Schweizer Whisky-Produzenten nutzen die Einzigartigkeit der unterschiedlichen Landschaftsformen für Ihre Produkte. So reiften z. B. ein paar Whisky-Fässer der Weinhandlung Kümin in einem ehemaligen Militär-Bunker auf dem Gotthard-Pass. Leider mussten die Fässer inzwischen weichen, da der Bunker in ein Erlebnishotel umgewandelt wurde. Ein gewisser Teil des Johnett Whiskys der Brennerei Etter aus Zug lagert in den nahe gelegenen Höllgrotten, in denen die Fässer von ewiger Dunkelheit, reinster, kühler Luft und extrem hoher Feuchtigkeit umgeben sind. Und in einer Eishöhle nahe der Jungfrau-Bergstation (3.454 m ü. M.) schlummert Whisky der Rugen-Distillery in 500 Liter fassenden Sherry-Fässern.

Gefiltert in die Flasche?

Der allergrößte Teil der Whisk(e)ys, die rund um den Globus hergestellt werden, durchläuft vor der Abfüllung in die Flaschen eine Kühlfiltration, die sogenannte »chill filtration«. Zugegeben: Jede fassgelagerte Spirituose, egal ob Whisk(e)y oder nicht, wird vor der Flaschenabfüllung gefiltert, denn während der Reifung können sich kleine Holzelemente des Fasses oder sogar einmal eine kleine Mücke absetzen, und die sehen in der Flasche nicht sehr appetitlich aus. Den großen geschmacklichen Unterschied machen aber die Temperatur und

die Feinheit des Filters aus. Geht es ausschließlich darum, kleine Partikel aus der Flüssigkeit zu filtern, reicht ein verhältnismäßig feines Gewebe und die Filterung bei Zimmer- bzw. Keller-Temperatur. Möchte man zusätzliche Trübstoffe aus dem Whisk(e)y filtern, muss ein spezieller Filter verwendet werden und die Temperatur auf unter +4 °C oder sogar unter den Gefrierpunkt herabgekühlt werden. Insbesondere bei Whisk(e)ys, die nahe dem gesetzlich festgeschriebenen Mindestalkoholgehalt von 40 % Vol. abgefüllt werden, wird dieser Arbeitsschritt häufig angewendet, denn die langkettigen Fettsäuren, die von Natur aus im Getreide und somit auch im Whisk(e)y sind, könnten sich eintrüben, sobald er harschen Wintertemperaturen ausgesetzt oder vom Konsumenten gar im Kühlschrank aufbewahrt wird. Bei kühlen Temperaturen flocken die Fettsäuren aus, trüben den Whisk(e)y dauerhaft ein und verdichten sich unter Umständen sogar zu einem watteartigen Gewebe am Grund der Flasche. Der Whisk(e)y wird dadurch zwar nicht »schlecht«, sieht aber nicht mehr sehr verlockend aus. Um diesen Effekt zu vermeiden, werden die meisten Whisk(e)ys, die mit 40 % bis 45 % Vol. in die Flasche kommen, kältefiltriert, das heißt, der Whisk(e)y wird nach dem Herabsetzen auf Trinkstärke stark heruntergekühlt, der Prozess des Ausflockens wird also absichtlich herbeigeführt. Danach wird der Whisk(e)y durch eine feine Filterplatte geleitet, die alle Trübstoffe aufhält. Der gefilterte Whisk(e)y läuft dadurch nie mehr Gefahr, bei eisigen Temperaturen trüb zu werden, er hat durch das Filtern aber auch etwas Geschmack eingebüßt, denn Fett – und somit natürlich auch Fettsäuren – sind ein guter Aromenträger. Je stärker der Alkoholgehalt, desto geringer ist die Gefahr der Trübung des Flascheninhaltes, so kann man bei einer Stärke ab 46 % Vol. getrost auf eine Kühlfiltration verzichten. Unter Umständen ist dann zwar noch eine Trübung während eisiger Temperaturen zu erkennen, sobald der Whisk(e)y wieder Zimmertemperatur erreicht hat, verschwindet auch die Trübung wieder. Der Richtwert, der weltweit bei 46 % Vol. liegt, kann von vielen handwerklich arbeitenden Destillateuren im kontinentaleuropäischen Raum – und somit auch in der Schweiz – unterschritten werden, denn mit der ausgefeilten Technik der hiesigen Brennblasen wird eine wesentlich höhere Reinheit des Destillates erlangt. Die natürlichen Fettsäuren werden somit schon bei der Destillation teilweise eliminiert. Die Grenze für eine definitive Trübung des fertigen Whiskys liegt in der Schweiz deshalb oft schon bei rund 44 % Vol. oder sogar darunter. Des Weiteren kann der Produzent die Temperatur während der Kühlfiltration der Reinheit des Destillats anpassen, er muss den trinkfertigen Whisky also nicht ganz so stark herabkühlen und vermeidet somit den gänzlichen Verlust der aromen-intensiven Fettsäuren. Viele Schweizer Betriebe füllen ihren Whisky inzwischen lieber mit einem etwas höheren Alkoholgehalt als das gesetzlich vorgesehene Minimum von 40 % Vol. ab und verzichten ganz auf die Kühlfiltration. Dafür können sie ihren Whisky guten Gewissens als »naturbelassen« bewerben.

Vom Kirsch zum Whisky – Schweizer Brenner gehen mit der Zeit

Noch vor rund 20 Jahren war der Kirschbrand das hochprozentige Vorzeigeprodukt der Schweiz. Aus rund 800 verschiedenen Kirschsorten, die vorwiegend im Norden der Schweiz wachsen, wurden die feinsten Destillate hergestellt und weltweit vertrieben. Rund 70 % aller Kirschwässer wurden zu dieser Zeit noch innerhalb der Schweiz konsumiert, doch die Nachfrage sank seitdem von Jahr zu Jahr.

Einen wesentlichen Anteil an dieser Änderung hat die Neuformulierung desselben Gesetzes, das seit 1999 den Schweizer Destillateuren die Herstellung von Getreide- und Bierbränden erlaubt. Mit dem Stichtag 01. Juli fielen die hohen Importzölle auf ausländische Spirituosen, die seitdem mit einem einheitlichen Steuersatz von CHF 29 (ca. € 27,–) je Liter reinen Alkohols in gleicher Höhe wie Schweizer Produkte besteuert werden.

Ausländischen Spirituosen wurde somit Tür und Tor geöffnet und die Schweizer haben sich über die neue Qual der Wahl gefreut. Die einheimischen Obstbrände gerieten ins Hintertreffen und versuchen seitdem wie David gegen Goliath dem internationalen Überangebot zu trotzen. Inzwischen liegt der Anteil der in der Schweiz konsumierten Produkte aus Schweizer Herstellung nur noch bei rund 15 % und es wird heute deutlich weniger Pflümli, Kirsch und Williams destilliert, als Whisk(e)y aus dem Ausland importiert wird. Kampagnen einiger Schweizer Destillateure zielten zunächst auf die »Swissness« ihrer Produkte ab, also die Verwendung ausschließlicher Schweizer Grundprodukte für ihre Brände. Die Qualität steigerte sich in diesen Jahren und der Konsument konnte immer öfter sortenreine Produkte in den Regalen finden. Doch 2005 wurden die Bemühungen Schweizer Destillateure von einer weiteren Gesetzesänderung torpediert, als die Einfuhr ausländischer Obstbrände und -produkte weiter vergünstigt wurde. Seitdem werden Kirsch & Co. zunehmend aus Früchten aus dem Ausland hergestellt, wenn nicht sogar gleich das ganze Destillat importiert wird.

Die Gesetzesänderungen des Jahres 1999 waren für viele Schweizer Destillateure und ihre damalige Ausrichtung sicherlich ein Fluch. Zugleich waren sie aber auch Segen und Chance für rund

35 Produzenten, die ihren Kopf ob der düsteren Aussichten nicht in den Sand stecken wollten. Die große Beliebtheit des importierten Whisk(e)ys, gepaart mit den gesetzlichen Möglichkeiten, die die Schweizer Brenner plötzlich nutzen konnten, legten nahe, dass sich auch in der Schweiz zahlreiche Produzenten den Getreide-Destillaten zuwenden würden. Und dann waren da ja noch die vielen anderen Brennereien rund um den Globus, die insbesondere seit der Jahrtausendwende wie Pilze aus dem Boden schossen, individulle Macharten des Whisk(e)ys für sich entdeckten und halfen, den globalen Durst zu stillen. Gerade an diesen handwerklichen Klein-Produzenten haben sich die Schweizer gern ein Beispiel genommen.

Die Whiskyregionen der Schweiz und Liechtenstein

Mit der Bezeichnung »Whiskyregionen« lehnen sich die Autoren weit aus dem Fenster, denn bislang wurden noch keinerlei Regionen – wie man das z. B. aus Schottland kennt – von offizieller Seite definiert. Wie sollte man also vorgehen? Ist es besser, eine regionale Einteilung zu treffen, oder sollte man sich eher von sensorischen Eigenschaften, vielleicht sogar von Produktionsspezifika leiten lassen? Da die Schweiz noch ein verhältnismäßig junges Whisky-Land ist und bislang noch keinen eigenständigen Stil ausgebildet hat, zahlreiche verschiedene Grundmaterialien verwendet werden und es auch noch keinen Zusammenschluss eidgenössischer Whisky-Produzenten gibt, haben wir uns für eine regionale Einteilung für die folgenden Kapitel entschieden. Für Sie als Leser hat das den Vorteil, dieses Buch auch als Reiseführer zu verwenden, denn alle Whisky-Produzenten, die örtlich nicht allzu weit voneinander entfernt liegen und Besucher empfangen, sind auf wenigen Seiten innerhalb eines Kapitels zu finden.

Wir wünschen Ihnen viel Spaß bei der Erkundung der Schweizer Whisky-Welt, der zahlreichen interessanten Dinge rechts und links des Weges und garantieren Ihnen unvergessliche Erlebnisse.

SCHAFF-
HAUSEN
● Schaffhausen

Stammheimer
Hopfentropfen
Destillerie Hagen
Marcado

DEUTSCHLAND

Bodensee

Rhein

THURGAU

Winterthur ●

Säntisblick
St. Gallen ●

Brunschwiler

Glen Rhine

ZÜRICH

Zürich ●

Zürichsee

APPENZELL
AUSSER-
RHODEN

APPENZELL
INNER-
RHODEN

ÖSTER-
REICH

ST. GALLEN

Rhein

ZUG

Zugersee

SCHWYZ

Walensee

Vaduz ●

**LIECHTEN-
STEIN**

Telser

0 km   20

GLARUS

DIE OSTSCHWEIZ & LIECHTENSTEIN

Die Ostschweiz erstreckt sich zwischen den Eckpunkten Schaffhausen im äußersten Norden der Schweiz, der Grenze zu Österreich im Osten und Appenzell im Süden. Die Landschaft südlich des Bodensees ist leicht hügelig und mit ausgedehnten Feldern stark landwirtschaftlich geprägt. Die Kantone Appenzell-Ausserrhoden und Appenzell-Innerrhoden können hingegen mit halb-alpinen Landschaften und reichlich Milchwirtschaft punkten. Wer das typische Landschaftsbild der Schweiz aus der Fernsehwerbung sucht, wird hier fündig werden. Städtischer Mittelpunkt der Ostschweiz ist St. Gallen mit knapp 80.000 Einwohnern, das für seine sehenswerte Altstadt und die barocke Kathedrale bekannt ist. Von hier aus sind es auf einer Achse, die von Nordwesten bis Südosten reicht, nie mehr als rund 70 Kilometer, um alle Brennereien und Whisky-Vermarkter der Region zu besuchen. Im äußersten Nordwesten dieser Achse sind es vom Hopfenbauernhof der Reutimanns nur rund fünf Kilometer bis zum Rhein, der unweit des Bodensees die Grenze zu Deutschland bildet. Im äußersten Südosten der Achse befindet man sich bereits im Herzen des Fürstentums Liechtenstein. Das kleine Finanzparadies kann nur mit einem einzigen Whisky-Produzenten, der Brennerei Telser in Triesen, aufwarten. Aufgrund der Nähe und der engen, familiären Beziehungen des Fürstentums mit der Schweiz, haben wir dieses Land mit in unsere Beschreibungen aufgenommen. Eine Reise ist es nämlich allemal wert, nicht nur aus finanziellen Gründen.

Kanton Schaffhausen

Hier lohnt der Besuch der Festung Munot, die zwischen 1563 und 1585 erbaut wurde und ganzjährig gratis zu besichtigen ist. Führungen durch das Wahrzeichen der Stadt Schaffhausen mit einem der »Munotwächter«, die schon seit 1377 ununterbrochen auf der Burg und ihren Vorläufern Dienst tun, sind jedoch kostenpflichtig, ermöglichen dann aber auch den Zutritt zu nicht öffentlichen Bereichen des Munot.

www.munot.ch

Kanton Thurgau

An Romantik wohl nur schwer zu überbieten ist das kleine, märchenhafte Wasserschloss Hagenwil, knapp 10 Kilometer von Romanshorn entfernt. Der Burggraben ist wie in alten Zeiten mit Wasser gefüllt und wird von einer Brücke überspannt. Die ca. 1264 erbaute Burg ist in Familienbesitz und bietet verschiedene Räumlichkeiten und eine kleine Burgkapelle für zahlreiche Anlässe. Im burgeigenen À-la-carte-Restaurant und einer rustikal-romantischen Bar können die Weine des Hausherrn verkostet werden, deren Trauben auf dem angrenzenden Weinberg wachsen.

www.schloss-hagenwil.ch

www.stibi.ch und
www.cesg.unifr.ch/de

Neben der bereits erwähnten pittoresken Altstadt St. Gallens lohnt ein Besuch der von der UNESCO als Welterbe ausgezeichneten Fürstabtei. Sie wurde 719 an einer Stelle errichtet, an der der irische Mönch Gallus schon im Jahre 612 eine Einsiedelei gegründet hatte. Die Klosteranlage, zu der auch die 1760 eingesegnete katholische Stiftskirche gehört, beherbergt die im Jahre 820 gegründete Stiftsbibliothek mit inzwischen über 160.000 Schriften. Insbesondere antike Werke sind der Schatz dieser Bibliothek, darunter rund 400 Bücher aus der Zeit vor 1100, der eigentlichen Blütezeit des Klosters. Wie in öffentlichen Bibliotheken üblich, können fast alle Schriftwerke ausgeliehen oder zumindest im Lesesaal eingesehen werden. Die meisten der antiken Dokumente können inzwischen digital oder als Faksimile betrachtet werden, darunter auch der unter *Codex 1092* bezeichnete *St. Galler Klosterplan*. Der um 820 entstandene Bauplan zeigt den Entwurf eines optimal gestalteten Klosters, das jedoch nie gebaut wurde.

Ebenfalls empfehlenswert ist der Besuch des rund 80 Kilometer entfernten Schlosses Sargans, das auf Höhe des südlichsten Zipfels des Staates Liechtenstein liegt. Das Gebäude mit dem einer Trutzburg ähnlichen Bergfried wurde schon 1282 erstmals erwähnt und scheint sich seit damals nur wenig verändert zu haben. Tatsächlich ist das heutige Aussehen aber intensiven Renovierungsarbeiten einer Interessengemeinschaft und zahlreichen staatlichen Zuwendungen zu verdanken, denn die Burg war in einem derart desolaten Zustand, dass ein früherer Privatbesitzer bereits den Abriss plante.

Nicht versäumen sollte man das von April bis Oktober geöffnete historische Museum im Schlossturm, das auf einer Liste der 37 besuchenswertesten Museen der Welt aufgeführt ist. Das Burgrestaurant ist von März bis Oktober geöffnet.

Kanton Thurgau

Seit dem Mittelalter werden hier Äpfel und Birnen angebaut und es gibt ausgedehnte Obstplantagen. Viele lokale Spezialitäten spiegeln das wider, wie z. B. »Birre und Stock«, ein überbackenes Gericht, das aus Birnen und Kartoffeln gemacht wird und früher als typisches Bauernessen galt.

Naschkatzen kommen bei Gottlieber Hüppen auf ihre Kosten. Die handgedrehten, knusprigen Waffelröllchen sind mit Schokoladen-, Amarone- oder Praliné-Creme gefüllt.

Kanton St. Gallen

In den Menükarten der Restaurants findet man hier viele Gerichte, die mit Ribelmais gemacht oder ergänzt werden. Diese alte Maissorte wird hauptsächlich im St. Galler Rheintal und in Liechtenstein angebaut und verdankt ihr gutes Wachstum dem warmen Föhnwind. Aus Ribelmais wird traditionell Polenta gemacht, in flüssiger Form findet der Mais im Bier und im Whisky Verwendung.

Die seit 1943 jährlich in St. Gallen stattfindende Ost-Schweizer Messe für Landwirtschaft und Ernährung (OLMA), die scherzhaft auch gern »Kuhschwanz-Olympiade« genannt wird, hat einer regionaltypischen Bratwurst aus Speck, Schweine- und Kalbfleisch ihren Namen gegeben. Die OLMA-Bratwurst wird prinzipiell ohne Senf gegessen! Wer trotzdem nicht darauf verzichten möchte, outet sich als Tourist und erntet obendrein einen bösen Blick des Verkäufers.

Kantone Appenzell Ausserrhoden und Innerrhoden

Hier wird schon seit mehr als 700 Jahren Käse nach traditionellem Rezept hergestellt. Der spezielle Geschmack entsteht durch das regelmäßige Einreiben der Käselaibe mit einer Kräutersulz nach geheimer Rezeptur. Diese zieht durch die Kruste und macht den Käse erst zum »Ap-

www.schaukaeserei.ch

penzeller«. Im gleichnamigen Ort gibt es eine ganzjährig geöffnete Schaukäserei, in der alle sechs Qualitäten ausgiebig verkostet werden können. Der »Appenzeller Biber« hat nichts mit Käse zu tun, er ist ein honiggesüßter Lebkuchen mit Nuss- und Gewürzfüllung, dessen Rezeptur schon rund 500 Jahre alt ist. Die meisten Biberfladen schmückt eine Prägung, manche werden sogar aufwendig mit Lebensmittelfarbe von Hand bemalt und zeigen dann typische bäuerliche Motive oder Bilder von Bären, dem Appenzeller Wappentier. »Biberli« werden in der Region in fast allen Lebensmittelgeschäften und Bäckereien angeboten und sind als schnelle Zwischenmahlzeit höchst beliebt.

Hauchdünn geschnittenes, gepökeltes Rind- oder Pferdetrockenfleisch heißt in Appenzell »Mostbröckli«. Äußerlich gleicht es dem Bündner Fleisch, wird jedoch vor dem Trocknen noch geräuchert, was ihm einen noch kräftigeren Geschmack verleiht. Die Bezeichnung »Most« weist auf die frühere Verwendung von Apfelwein zum Würzen und Mürbemachen des Fleisches hin, außerdem wird in der Region gerne ein Glas Apfelwein zum Verzehr getrunken.

Brunschwiler Brennerei

Mehr als 80 Jahre schien es – außer der Erweiterung um eine Mosterei und den Übergang der ältern auf die jüngere Generation im Jahr 1993 – kaum Veränderungen für die bereits 1932 gegründete Brennerei der Familie Brunschwiler zu geben. Seit 2012 folgten die Ereignisse aber Schlag auf Schlag. Zunächst stand eine berufliche Neuorientierung des bisherigen Besitzers Urs Brunschwiler an, der daraufhin die zukünftigen Geschicke der Brennerei in die Hände seiner Frau Judith legte. Von einem Tag auf den anderen war sie damit die erste und einzige Whisky-Produzentin der Schweiz. Mit großer Energie

Flawilerstr. 65
9242 Oberuzwil
Tel. +41 (0) 71 385 88 19
www.edelbrand
brennerei.ch

machte sie sich daran, das bestehende Geschäft der Abfindungsbrennerei, die seit 2006 auch Whisky produziert, auszuweiten, wurde aber schon kurze Zeit nach der Übernahme wieder ausgebremst, als sie die Nachricht erhielt, dass das gesamte Stadtviertel von Gossau, in dem sich die Brennerei befindet, in ein Neubau-Viertel umgewandelt wird und die Brennerei über kurz oder lang weichen muss.

Bis zum Abriss des bisherigen Gebäudes, das mit einer großflächigen Glasscheibe tiefe Einblicke von außen gestattet, nutzt Judith Brunschwiler die bisherige Anlage noch, macht parallel dazu aber schon Erfahrungen mit einer Brennanlage der Firma Holstein, die vergleichbare Maße ihrer bisherigen Brennerei hat. Sie hat die Anlage und die Lizenz von den Destillateuren Peter Brunner und Elsbeth Marti im nahe gelegenen Oberuzwil übernommen.

Die Würze für die von Judith Brunschwiler hergestellten Whiskys stammt – nach einem ursprünglichen Intermezzo mit der Brauerei Eulach in Winterthur – seit 2009 aus der nahe gelegenen und verwandtschaftlich verbundenen Brauerei Freihof in Gossau. Im Gegenzug wurden für die Brauerei einige Chargen destilliert, von denen bereits zwei Einzelfass-Abfüllungen unter der Bezeichnung »Freihof-Whisky« auf den Markt gekommen sind.

Die enge Verbindung zur Gossauer Brauerei ermöglicht es Judith Brunschwiler, ihren Kunden mit individuellen Rezepten einen flüssigen Traum in individueller Fassgröße zu erfüllen, denn sowohl Einzelpersonen als auch ganze Gruppen können sich mit ihrer Hilfe einen eigenen Whisky herstellen.

Als wären die Aufregungen um die örtlichen Veränderungen noch nicht genug gewesen, hat Judith Brunschwiler kürzlich von den Anwälten der Scotch Whisky Association Post mit der Aufforderung erhalten, die bisherige Bezeichnung ihres Whiskys zu ändern. Aus dem »Swiss Lowlander« wurde nun also der »Fürstenländer Whisky«, um etwaige Verwechslungen mit Produkten schottischer Herkunft zu vermeiden.

Der Verbraucher hat aber vermutlich nur die schnörkellosen Bezeichnungen B1 und B2 ihrer Einzelfass-Abfüllungen wahrgenommen. Die nächste Abfüllung wird mit der Bezeichnung B3 an den Start gehen.

Whisky-Herstellung nur
auf Voranmeldung!

Öffnungszeiten: Fr 8–12 h & 13:30–18 h
Sa 8–12 h

Mosterei Kobelt / Glen Rhine

Staatsstr. 21
9437 Marbach/SG
Tel. + 41 (0) 71 777 12 20
www.mostereikobelt.ch

Die kleinste Mosterei der Schweiz hat sich im Laufe ihrer nun schon 109-jährigen Geschichte auch als Brennerei einen guten Namen gemacht. Der Familienbetrieb in vierter Generation liegt im Ortskern von Marbach, Kanton St. Gallen im Rheintal. Das kleine Städtchen mit etwas mehr als 2.000 Einwohnern wird vom Schloss Weinstein gekrönt, das oberhalb der Ortschaft liegt.

Ruedi Kobelt und seine amerikanische Ehefrau Karen stehen dem Betrieb seit vielen Jahren vor, sie werden von zwei Mitarbeitern unterstützt und produzieren eine ganze Palette schmackhafter Produkte. Durch die Nähe zu hochwertigen Früchten ist verständlich, dass hier regelmäßig gute Obstbrände entstehen. Aber Whiskey? Die Schreibweise mit »e« kann ein erster Hinweis sein, der nette

Akzent der Chefin gibt Gewissheit: Hier wird Schweizer Bourbon produziert!

Die Würze wird schon seit 2002 von der Brauerei Sonnenbräu im benachbarten Rebstein hergestellt und besteht aus einer Mischung von einheimischem Ribelmais mit Gerstenmalz. Im Gegenzug lässt die Brauerei auch einen Whisky für sich selbst in Marbach herstellen, bietet leider aber keine Verkostungen an.

Für die Reifung ihres »Whiskeys« mit Namen Glen Rhine verwenden die Kobelts Fässer aus Amerikanischer Weißeiche oder ehemalige Bourbon-Fässer, sie bleiben der Bourbon-Linie also auch bei der Reifung treu. Neben dem Whiskey werden vor Ort auch Absinth, Marc, Gin und in Kürze sogar Rum hergestellt.

Führungen für kleine Gruppen ab 4 bis ca. 15 Personen nur auf Anfrage. Bei der Betriebsführung mit Tasting kann man auch in den Genuss einer Fassprobe kommen.

Jeweils Anfang September findet ein Tag der offenen Türe statt. Das genaue Datum finden Sie auf der Homepage.

Öffnungszeiten: Mo–Fr 7:30–12 h & 13:30–18 h
Sa 8:30–12 h

Säntis Malt

Brauereiplatz 1
9050 Appenzell
Tel. +41 (0) 71 788 01 40
www.saentismalt.com

Viele Whisky-Liebhaber assoziieren Appenzell inzwischen nicht mehr mit Käse, sondern auch mit Whisky. Die Single Malts der Brauerei Locher haben in den vergangen Jahren eine erstaunliche Erfolgsgeschichte geschrieben und sind schon lange nicht mehr nur in der Schweiz erhältlich. Ihr Vertriebsgebiet deckt auch Deutschland, Österreich, Benelux und sogar Taiwan ab.

Größere Erfolge als mit Whisky feiert das Locher-Team aber nach wie vor mit Bier. Das »Quöllfrisch« ist landesweit erhältlich und genießt in der Schweiz höchstes Ansehen. Das brauereieigene Besucherzentrum dreht sich deshalb auch mehr um Bier und der Whisky spielt nur eine Nebenrolle. Trotzdem sollte man den kostenlosen Audio-Rundgang und die

Aromen-Bar nicht verpassen. Angemeldete Gruppen haben auch die Möglichkeit, an einer – allerdings kostenpflichtigen – Bier- oder Whisky-Degustation teilzunehmen.

Die Brauerei ist schon seit 1886 in Familienbesitz und wird inzwischen in der 5. Generation von Karl Locher geleitet. Als die Brenn-Gesetze der Schweiz 1999 geändert wurden, ließ Karl Locher auf seiner hauseigenen Brennanlage, auf der bis dato gelegentliche Obstbrände hergestellt wurden, ein Fass Whisky brennen, nur damit er an seinem 60. Geburtstag seinen Gästen etwas Besonderes bieten kann. Auf diesen Geburtstag muss er noch einige Jahre warten, seine Gäste dürften bis dahin aber eine ziemlich große Auswahl an mehrfach ausgezeichneten Whiskys haben. Schon recht schnell nach dieser einmaligen Destillation war erkennbar, dass das

Ergebnis vielversprechend wird. Spätestens seit 2002 ist die Brennanlage mehr oder weniger täglich in Betrieb. Neben den Standard-Editionen Säntis, Himmelberg, Sigel und der stark rauchigen Dreifaltigkeit gibt es in regelmäßigen Abständen Sonder-Abfüllungen unter den Serien-Bezeichnungen Alpstein und Snow White. Eines haben alle Abfüllungen gemeinsam: Die Whiskys verbringen einen wesentlichen Teil ihrer Reifung in alten Bierfässern. Karl Locher hat wohl eine der größten Sammlungen von dickwandigen, ehemals gepichten Bierfässern aus dem europäischen Raum, die teilweise schon mehr als 120 Jahre alt sind. Die Whiskys der Sonderserien bekommen nach der Bierfassreifung meist noch ein Finish, also eine Zweitreifung, in ehemaligen Wein-, Süßwein- oder Destillatfässern.

Ab Mai 2015 wird der Säntis Malt Whisky eine wesentliche Verstärkung erhalten, denn dann sollen Wanderer und

Besucher von 26 Bergrestaurants im Alpstein-Massiv bei jedem Bergwirt eine andere, streng limitierte Säntis-Malt-Abfüllung erstehen können. Eine dieser Abfüllungen ist auch im Besucherzentrum Brauquöll der Brauerei Locher AG im Herzen von Appenzell erhältlich. Für die insgesamt 27 Abfüllungen wird es unterschiedliche Zweitreifungen der Säntis Malt Whiskys geben, die ausschließlich durch die Bergwirte und das Brauquöll vertrieben werden. Whisky-Jäger und -Sammler werden ganz nebenbei mit Fitness belohnt, denn einige der Berggasthäuser sind nicht per Bergbahn oder Straßen erreichbar. Dieses einzigartige Projekt wird vom lokalen Tourismusbüro unterstützt und dauert, solange der Whisky-Vorrat in den Berggasthäusern reicht. Wer mit seinem »Whiskytrack-Pass«, der sowohl im Brauquöll als auch im Appenzeller Tourismusbüro erhältlich ist, nachweisen kann, dass er eine bestimmt Anzahl Bergrestaurants oder sogar alle besucht hat, darf sich auf eine zusätzliche Überraschung im Besucherzentrum der Brauerei freuen.

Säntis Malt Whisky Degustation:
CHF 40 p.P. oder mind. CHF 400 pro Gruppe (im gemütlichen Whisky-Stöbli in der Brauerei; für Gruppen von 10 bis 16 Personen, nur auf Voranmeldung; Dauer ca. 90 Min., 6 Single Malts; jeder Gast erhält zur Erinnerung ein Säntis-Malt-Glas)

Öffnungszeiten:
April–Okt:
Mo   13–17 h
Di–Fr   10–12:15 h & 13–17 h
Sa & So 10–17 h

Bier-Degustation für Einzelbesucher:
                             CHF 8.50
immer montags   13 h
Voranmeldung nicht nötig

Nov/Dez & Feb/März:
Di–Fr   10–12:15 h & 13–17 h
Sa   10–17 h

Im Januar bleibt das Besucherzentrum geschlossen.

Säntisblick Destillerie

Fernab von Hauptstraßen, inmitten von idyllischem Grün liegt der Hof der Familie Eschmann. Einer der ältesten, noch existierenden Golfplätze der Schweiz wurde nur 3 Kilometer von hier gegründet, und Golfer haben ja bekanntlich ein gutes Händchen für kleine Paradiese.

Als Bruno Eschmann den Hof im Jahr 1999 von seinem Vater übernahm, verabschiedete er sich von der Milchwirtschaft und stellte seinen Betrieb gänzlich auf Obstbau um, denn darin liegt seine Leidenschaft. Bei befreundeten Destillateuren, meistens bei Ruedi Kobelt in Marbach, ließ er im Laufe der kommenden Jahre viele seiner Früchte in ausgezeichnete Obstbrände verwandeln, bis er 2012 endlich eine eigene Brennerei auf seinem Hof einrichten konnte. Die kupferglänzende Anlage im modernen Ambiente des Brenn- und Verkostungsraums steht im angenehmen Kontrast zu den traditionellen Gebäuden des typischen Schweizer Bauernhofs und ist für eine Überraschung gut. Bei der Planung der Brennerei hat Bruno Eschmann bereits großzügig Flächen vorgesehen, um regelmäßige Brennseminare, Führungen und Degustationen anbieten zu können. Das Brennerhandwerk hat er über die Jahre bei seinen Kollegen erlernt, denen er prinzipiell zur Hand ging, wenn die Herstellung seiner eigenen Produkte anstand. Auch seine ersten Whiskys musste

Geisberg
9246 Niederbühren/SG
Tel. + 41 (0) 71 422 23 20
www.saentisblick-destillerie.ch

er noch auf den Anlagen von Kollegen brennen.

Inzwischen bietet er selber Workshops und Brennkurse an und ermöglicht somit auch Laien, sich während des Winterhalbjahres bei ihm einen eigenen Whisky auf der Basis von Gerstenmalz, Rauchmalz oder Mais herzustellen. Und auch bei der Auswahl des richtigen Fasses kann er behilflich sein.

Führungen, Workshops und Degustationen:
immer nur im Winterhalbjahr,
ab 10 Personen auf Anfrage.

Beim **Whisky-Seminar** kann man selber Hand anlegen. Theorie und Praxis werden durch eine Degustation ergänzt. Auf Wunsch kann der »eigene Whisky« anschließend erworben werden.

Von einer großen Brennereien-Dichte kann man in Liechtenstein wohl nicht sprechen. Im ganzen Fürstentum gibt es zwar ein paar Kleinproduzenten, die Obstbrände herstellen, aber nur eine einzige Brennerei – die gleichzeitig auch die älteste Liechtensteins ist – fertigt Whisky und tummelt sich damit sogar auf internationalem Parkett.

Schon seit 1880 ist der Betrieb in Familienhand und wird nun in vierter Generation von Marcel Telser betrieben. Nur

Dorfstrasse 67
FL-9495 Triesen
Tel. +42 3 392 53 73
www.telserdistillery.com

wenige Kilometer fernab des Finanz- und Tourismus-Trubels entstehen in einem mehr als 500 Jahre alten, denkmalgeschützten Haus Obstbrände, Gin und Whisky. Das pittoreske Gebäude liegt nahe des historischen Ortskerns von Triesen an einer ausgesprochen steilen Straße, die bis in das romantische Hochtal Malbun führt. Es steht mit seinen alten, bäuerlichen Geräten, dem urigen Verkostungsraum und den holzbefeuerten Brennblasen im krassen Gegensatz zu dem bisherigen Jetset-Leben, das Marcel Telser führte. Als Jurist reiste er beruflich in die exotischsten Länder und wurde erst vor wenigen Jahren zum heimatgebundenen Vollblut-Destillateur.

Der erste Liechtensteiner Whisky namens Telsington entstand 2006 und wurde nach dreijähriger Reifung in einer außergewöhnlichen Aufmachung präsentiert. Genau wie bei seinen zwei Nachfolgern Telsington II und III waren die einzeln nummerierten Flaschen in einen massiven Tannenholzblock eingelassen und statt Etikett mit einem gravierten Metallschild versehen. Die seitdem folgenden Abfüllungen sehen zwar nicht mehr ganz so exklusiv aus und werden auch nicht mehr in so stark limitierten Stückzahlen angeboten, dafür sind sie aber auch für Normalverdiener erschwinglich.

Bislang wurden hauptsächlich Single Malts hergestellt, die in Fässern reiften, die zuerst für die Lagerung einheimischer Weine, insbesondere Pinot Noir der fürstlichen Hofkellerei Vaduz, benutzt wurden. Inzwischen gibt es aber auch einen Roggen-Whisky.

Führungen:
Ganzjährig sind dreisprachige Brennerei-Führungen (deutsch, italienisch und englisch) ab 6 Personen auf Anfrage möglich.
Verschiedene Whiskyseminare sind in Planung, Informationen sind auf der Website erhältlich.
Verkauf einzelner Fässer für Privatpersonen und Firmen möglich.

Distillery Tour Private: CHF 19
(Dauer rund 1 Std. mit 3 Destillaten zur Degustation)

Distillery Tour Private inkl. Getränke:
CHF 29
(Dauer rund 2 Std. mit 3 Destillaten
zur Degustation, inkl Softdrinks, Bier
vom Liechtensteiner Brauhaus und
Nespresso-Kaffee)

Distillery Tour Private mit Verpflegung:
CHF 29 zuzügl. CHF 27–29
(3 wählbare Varianten)
(Dauer rund 2.5 Std. mit 3 Destillaten zur
Degustation)

Ladenöffnungszeiten:
Mo–Fr   9–12 h & 14–19 h
Sa   9–17 h

Macardo

Alte Käserei
Frauenfelderstrasse
8514 Strohwilen
Tel. +41 (0) 79 679 87 77
www.macardo.ch

Genau in der Mitte zwischen Frauenfeld
und Weinfelden liegt das kleine Örtchen
Strohwilen, das ein Teil der Gemeinde
Amlikon-Bissegg ist. Ersten Siedlern hat
es hier schon vor rund 1.400 Jahren gut
gefallen.

In der ehemaligen, stillgelegten Käserei
eröffneten Marco Frauchiger und Ber-
nardo Lamperti 2007 eine Brennerei, ob-

wohl sich die offizielle Firmenanschrift und das Büro im 10 km entfernten Weinfelden befinden. Die beiden, die ihren Betrieb im Nebenerwerb betreiben, haben schon vom ersten Tag an auf fassgelagerte Obstbrände, Grappas und auf verschiedene Sorten Whisky gesetzt. Eine erste, limitierte Serie mit nur 99 Flaschen in edlem Nussbaum-Holz kam 2011 auf den Markt. Wenige Monate später, gerade rechtzeitig zum Weihnachtsgeschäft, gab es eine Box mit drei kleinen, verschiedenen Whiskys, um alle Produktionslinien des Betriebes vorzustellen. Darin konnte man einen Dinkel-Malz-, einen Gersten-Malz-Whisky und einen Schweizer Bourbon, der aus heimischem Mais gemacht wurde, finden.

Die momentan erhältlichen Whiskys sind allesamt Einzelfass-Abfüllungen, entweder Single Malt oder Bourbon. Demnächst soll es auch einen Hirse-Whisky geben.

Wer einmal mit ein paar Gleichgesinnten jeden Produktionsschritt vom Korn bis zum Whisky erleben möchte, kann sich für eines der Whisky-Seminare mit Schaubrennen anmelden.

Whiskyseminar: CHF 38
(Dauer rund 2 Stunden, incl. Apéro, nur auf Voranmeldung, ab 12 bis ca. 30 Personen)

Stammheimer Hopfentropfen

Kollbrunn
8476 Unterstammheim
Tel. + 41 (0) 52 745 27 10
www.hopfentropfen.ch

Stammheim ist eine sehr alte Gemeinde in der äußersten, östlichen Ecke des Kanton Zürich. Sie wurde erstmals im Jahr 761 urkundlich erwähnt, 1652 jedoch in Ober- und Unterstammheim geteilt.

In Unterstammheim liegt der Hof der Familie Reutimann. Sie gehören zu den wenigen Schweizer Bauern, die heutzutage Hopfen anbauen, und deshalb dreht sich bei Brigitte und Markus Reutimann alles um die alte Kulturpflanze. Im kleinen Hofladen finden sich Produkte wie Hopfen-Schnupftabak, Hopfen-Essig, Hopfen-Nudeln und Hopfen-Käse und sogar Kosmetika mit der entspannenden Wirkung der Kletterpflanze. Aber auch Bier wird hier selbst hergestellt.

Seit einigen Jahren ist auch Whisky ein wichtiges Thema geworden. Da die Reutimanns keine eigene Brennerei haben, lassen sie aus Gerste, die auf ihrem eigenen Hof gewachsen ist, in verschiedenen Partner-Brennereien Malz-Destillate herstellen, die in rund vier Jahren in verschiedenen Fässern in ihren Kellern zum Whisky reifen.

Der Besucher kann dem Hopfenlehrpfad sowie diversen Führungen zum Thema Bier und Hopfen folgen und anschließend im hofeigenen Laden stöbern. Neben all den Hopfenprodukten findet er hier auch Weine und Hochprozentiges

wie den namengebenden Hopfentrop-
fen-Likör, Hopfengeist, Branntwein und
den Stammheimer Single Malt.

Öffnungszeiten:
Hofladen: Di–Sa   9–12 h & 13–18 h
Führungen von März bis Weihnachten:
immer nur Mi–So

Im Januar und Februar ist der Hopfenlehrpfad geschlossen, in dieser Zeit gibt
es ausschließlich Whisky-Seminare auf
Anfrage.

Führungen und Seminare:
Auf der Homepage der Familie Reutimann finden Sie zahlreiche Führungen,
für die man sich aber grundsätzlich im
Voraus anmelden sollte.

Kleines Whisky-Seminar: CHF 29
(ca. 75 Min.)
unter 10 Personen pauschal CHF 290

Großes Whisky--Seminar: CHF 48
(ca. 90 Min., mit Apéro)
unter 10 Personen auf Anfrage

Whisky & Dine: CHF 105–115
(ab 8 Personen, incl. kleinem Whisky-
Seminar, Preis abhängig vom Menü)

Destillerie Hagen-Rühli

Seehof
8536 Hüttwilen
Tel. + 41 (0) 52 747 11 91
www.distillerie-hagen.ch

Das kleine Dorf Hüttwilen liegt im Thurgau, direkt an der Grenze zum Kanton Zürich. Ein Spaziergang im Gemeindegebiet lohnt wegen des romantischen Schlosses Steinegg (Achtung Privatbesitz), der Burgruine Helfenberg und eines Naturschutzgebiets, das drei verträumte Seen umfasst.

Gleich neben dem Hüttlingersee ist der Landwirtschaftsbetrieb der Familie Hagen zu finden. Schon 1917 wurde vom Großvater hier eine Lohn- und Gewerbebrennerei installiert, seit 1994 steht Ueli Hagen an der Brennblase. Neben Obstbränden, Vodka und Absinth stellt er seit 1999 auch Single Malt Whisky her. Das benötigte Malz bezieht er aus Deutschland und für die Reifung verwendet er frische Fässer aus Amerikanischer Weißeiche, die er innerhalb seines Betriebs wiederholt einsetzt.

Als 2004 das Fundament für einen neuen Viehstall vorbereitet wurde, entdeckte Ueli Hagen die Überreste einer uralten Mooreiche im Boden. Das Holz wurde vorsichtig geborgen und später vom archäologischen Institut der Schweiz auf ein Alter von rund 1700 Jahren datiert. Seitdem werden manchen Reifefässern ein paar Stücke der Mooreiche beigegeben und mit der Bezeichnung »Oak special« auf dem Etikett ausgewiesen.

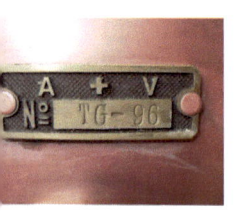

2011 wurde das nur rund 10 Kilometer entfernte Brauhaus Sternen in Frauenfeld auf die Brennerei im Seebachtal aufmerksam. Seitdem wurden schon mehrere Fässer in Kooperation hergestellt, die in Frauenfeld lagern. Die ersten Flaschen wurden im Frühsommer 2014 abgefüllt, waren aber sofort vergriffen.

Derzeit planen Ueli und seine Frau Verena einen Umbau der Brennerei, sie möchten ihren Betrieb technisch auf größere Füße stellen und planen auch ein kleines Besucherzentrum mit einem Verkostungsraum.

Ganzjährig geöffnet

Führungen und Degustationen:
                          CHF 8–14
(auf Anfrage, für Gruppen ab 8 bis ca. 30 Teilnehmer, Qualitäten nach Absprache)

Manuela und Ivan Vollmeier haben 2004 Ihren Whisky-Handel mit Namen »House of Single Malts« eröffnet und feierten bereits zehnjähriges Jubiläum. Während die Anfänge noch im Keller ihres Wohnhauses lagen, kann man den Grad ihres Erfolges inzwischen auch an den mehr als 100 m² großen Geschäftsräumen in Mörschwil ablesen. In den vergangenen Jahren wuchs nicht nur ihr Business kontinuierlich, sondern auch ihr Fachwissen. Inzwischen handeln sie mit Whisky, Rum, Grappa, schottischem Bier und Obstbränden. Auch als zuverlässiger Importeur schottischer Marken haben sie sich in der Schweiz einen guten Namen gemacht. Sohn und Tochter der beiden Mörschwiler haben inzwischen auch schon eine gewisse Leidenschaft für das hochprozentige Geschäftsfeld ihrer Eltern entwickelt und helfen von Zeit zu Zeit im Laden aus, wenn Manuela und Ivan ihren 50-Prozent-Stellen in anderen Arbeitsbereichen nachgehen.

Interview mit Ivan Vollmeier

Ivan, welche Bedeutung hat Whisky
für Sie?
Whisky übt eine große Faszination auf
mich aus, da es sich um eine unglaublich
spannende Spirituose mit großer Vielfalt
und Finesse handelt. Whisky war auch
meine erste Spirituose, mit der ich als
Jugendlicher in Kontakt gekommen bin.
Wer weiß, was passiert wäre, wenn es
was anderes gewesen wäre.

Wir mögen auch das ganze Drumherum.
Wir reisen gern nach Schottland, genießen die Kultur und sind immer wieder
erstaunt, wie ähnlich sich Schottland und
die Schweiz doch sind. Natürlich ist es
auch sehr praktisch, dass Schottland nur
zwei, drei Flugstunden entfernt ist, da ist
immer mal wieder ein Abstecher möglich.

Was sind Ihre Favoriten?
Ich hab keine Favoriten. Durch die hohe
Vielfalt der verschiedenen Whiskys verändert sich das laufend. Derzeit favorisie-
re ich allerdings die älteren, sherry-lasti-
gen Whiskys.

Was halten Sie persönlich von
Schweizer Whiskys?
Die Schweizer Whiskys sind meiner Meinung nach oft noch zu jung. Die Brenner
haben aber durch ihre immense Erfahrung und ihr Können ein großes Potenzial. Da wird sich in Zukunft bestimmt
noch viel tun.

Wie kommen Schweizer Whiskys bei der Kundschaft an?

Die Kunden mögen Schweizer Whiskys sehr gern. Sie werden oft als Geschenke gekauft. Auch ein gewisser Patriotismus ist da erkennbar. Die Kunden sind offensichtlich auch bereit, die manchmal höheren Preise zu bezahlen.

Haben die Schweizer Whiskys also Chancen auf dem Markt?

Die Whiskys haben einen großen Stellenwert bei den Kunden. Bei Whiskys, die aus anderen Ländern außer Schottland kommen, kaufen die Kunden oft mal eine Flasche aus reiner Neugier, wenden sich dann aber wieder dem Bekannten zu. Bei den Schweizer Whiskys ist das anders, da kaufen die Kunden immer wieder!

BARS

Sein Lounge

Unmittelbar beim Bahnhof Wil/SG befindet sich die 2005 eröffnete »Sein Lounge«. Der stylish, aber gemütlich eingerichtete Gastronomiebetrieb umfasst Restaurant, Bar, Lounge, Terrasse und Weintheke.

Die Whiskykarte ist breit gefächert, international und sehr detailliert. Und ein paar echte Raritäten kann man hier auch finden.

Öffnungszeiten:
Mo–Do   11–24 h
Fr   11–3 h
Sa   13:30–3 h
So   13:30–24 h

Railcenter
Säntisstr. 2
9501 Wil/SG
Tel. + 41 (0) 71 910 10 90
www.sein-lounge.ch

The Whisky Lounge

Schaffhauserstr. 17
8442 Hettlingen
Tel. + 41 (0) 52 316 33 60
www.whiskylounge.ch

Die Whisky-Lounge wurde erst im Januar 2015 eröffnet. Hier stehen Premium Whisk(e)ys und Rums aus aller Welt auf der Karte. Besucher der Lounge haben die außergewöhnliche Möglichkeit, Abfüllungen, die ihnen gut schmecken, auch gleich als Flaschenware zu kaufen, denn der Lounge ist ein Shop angegliedert.

Öffnungszeiten: Do–So   19–23 h

SHOPS

Mosterei Möhl AG

Die Firma Möhl ist in der Schweiz haupt-sächlich als Mosterei und Safthersteller bekannt. Am Stammsitz in Arbon gibt es ein interessantes Saft- und Brennerei-museum. Angemeldete Gruppen können an Betriebsbesichtigungen teilnehmen.

Weniger bekannt ist, dass es im ange-schlossenen Getränkemarkt neben den eigenen Säften auch eine große Auswahl eigener Brände, Whiskys aus aller Welt, Cognacs, Rums und Wodkas gibt.

St. Gallerstr. 213
9320 Arbon
Tel. +41 (0) 71 447 40 74
www.moehl.ch

Öffnungszeiten:
Mo–Fr   8–12 h & 13:30–18:30 h
Sa   8–17 h

Salzer Weine GmbH

Dorfplatz 2
8737 Gommiswald
Tel. +41 (0) 55 280 58 70
www.lieblingswein.ch

Der Name ist hier nicht automatisch Programm, denn es gibt neben den zahlreichen ausgesuchten Weinen auch eine große Spirituosenauswahl mit einem umfangreichen Whisky-Angebot. Ein Stopp im kleinen Gommiswald lohnt sich auf jeden Fall!

Öffnungszeiten:
Di–Mi   16–18:30 h
Fr   9–12 & 14–18:30 h
Sa   9–15 h

House of Single Malts

Bahnhofstr. 17
9402 Mörschwil
Tel. +41 (0) 71 866 49 75
www.houseof
singlemalts.ch

Das House of Single Malts wurde 2004 von Manuela und Ivan Vollmeier zunächst als Online-Shop mit einem kleinen Verkaufsraum im Kellergeschoss des eigenen Hauses gegründet. Inzwischen präsentieren sie ihr umfangreiches Angebot auf mehr als 100 m² in einem großen Laden in der Mörschwiler Bahnhofstraße. Hier findet man neben den Standards auch viele außergewöhnliche Einzelfass-Whiskys von rund 25 unterschiedlichen, unabhängigen Abfüllern.

Öffnungszeiten:
Do   17:30–20 h
Fr   15–18 h
Sa   10–16 h

TheWhiskyShop.ch

TheWhiskyShop.ch versteht sich hauptsächlich als Online-Shop mit breitem Whisky-Angebot aus zahlreichen Ländern. Auch wenn das Hauptgeschäft übers Internet läuft, kann man trotzdem in einem kleinen Laden im »Geschäftszentrum zum Scheidweg« stöbern. Außer Whiskys findet man hier auch zahlreiche andere Spirituosen, Sherrys und Portweine.

Geschäftszentrum
zum Scheidweg
Dorfstr. 19
9535 Wilen bei Wil
Tel. +41 (0) 71 923 47 23
www.thewhiskyshop.ch

Öffnungszeiten:
Do–Fr   19–21 h
Sa   10–12 h

Glen Fahrn GmbH

Fahrnstr. 39
9402 Mörschwil
Tel. +41 (0) 71 860 09 87
www.glenfahrn.ch

In einem prächtigen Haus im Ortskern von Mörschwil, einem direkten Vorort von St. Gallen, befindet sich das 2005 gegründete Hauptgeschäft des größten Whisky-Händlers der Schweiz. Ana und Dieter Messmer entwickelten aus dem ursprünglichen Einzelgeschäft inzwischen einen florierenden Online-Handel und eine Kette gut sortierter Whiskyläden. Neben Whisk(e)y gibt es auch Dessertweine, Absinth, R(h)um, Champagner und weitere flüssige Leckereien.

Die Glen Fahrn GmbH umfasst 21 Filialen bzw. Partnergeschäfte.

Öffnungszeiten:
Mo–Fr   9–12 h & 13–18:30 h
Sa   10–17 h

Glen Fahrn »zum Turm«

Spisergasse 16
9000 St. Gallen
Tel. +41 (0) 71 230 09 87
www.glenfahrn.ch

Neben der hochprozentigen Produktpalette von Glen Fahrn stehen hier »Edle Weine junger Winzer« aus den Weinbaugebieten Europas im Mittelpunkt.

Öffnungszeiten:
Mo–Mi & Fr   11–18:30 h
Do   11–20 h
Sa   9–17 h

RutishauserBarossa Weinkulturen AG

Die große und interessante Weinaus-wahl von RutishauserBarossa Weinkul-turen AG wird hier durch das allgemeine Angebot von Glen Fahrn ergänzt.

Öffnungszeiten:
Mo–Do 8:30–19 h
Fr   8:30–21 h
Sa   8–17 h

Glen Fahrn Partner
Einkaufszentrum Pizolpark
8887 Mels
Tel. +41 (0) 77 445 76 99
www.rutishauser-
weinkulturen.ch
www.glenfahrn.ch

Glen Fahrn Partner Oberried

Genau wie bei der Filiale in Mels er-streckt sich das Angebot im Oberrieder Laden auf das gesamte Portfolio der RutishauserBarossa Weinkulturen AG mit der zusätzlichen Ergänzung durch die Produkte von Glen Fahrn.

Öffnungszeiten:
Mo–Do 8–19 h
Fr   8–21 h
Sa   8–17 h

RutishauserBarossa
Weinkulturen AG
Staatsstr. 50
9463 Oberried/SG
Tel. +41 (0) 77 479 44 54
www.rutishauser-
weinkulturen.ch
www.glenfahrn.ch

Glen Fahrn »the park«

Einkaufszentrum Rheinpark
9430 St. Margrethen
Tel. +41 (0) 71 740 09 87
www.glenfahrn.ch

Genau wie in St. Gallen besteht das Angebot im Rheinpark Einkaufszentrum in St. Margrethen aus dem gesamten Portfolio von Glen Fahrn, ergänzt durch »Edle Weine junger Winzer«.

Öffnungszeiten:

Mo–Do	9–19 h
Fr	9–21 h
Sa	8–17 h

sifowhi

Glen Fahrn Partner
Rietstr. 3
9496 Balzers/FL
Tel. +41 (0) 79 398 43 04
www.sifowhi.li

Auch im Fürstentum Liechtenstein gibt es ein Partner-Unternehmen von Glen Fahrn. Im gemütlichen Laden in Balzers hat der Kunde die Qual der Wahl, denn hier werden von Simon Foser mehr als 1.500 verschiedene Whiskys und Spirituosen angeboten. Gelegentliche Tastings und Whisky Dinner ergänzen das Angebot.

Öffnungszeiten:

Di & Do	17:30–19:30 h
Sa	10–15 h

WHISKYSPUREN

Thursky

Die Egnacher Thurella AG ist einer der größten Mostereibetriebe der Nordschweiz und beliefert mit ihrem Getränkehandel die Gastronomie und den Einzelhandel. Eine Zeit lang haben sie sich intensiv mit der Whisky-Herstellung beschäftigt und in einer 14 m hohen Kolonnenbrennerei, die im Tagesgeschäft der Entalkoholisierung von Bier dient, regelmäßig Single Malt destilliert und vor Ort in 225 Liter fassenden Barrique-Fässern gereift. Der Whisky, der nach dem Kanton Thurgau »Thursky« genannt wurde, ist heute noch vereinzelt in Geschäften zu finden. Es handelt sich aber nur um Restbestände, denn die Produktion wurde 2009 eingestellt.

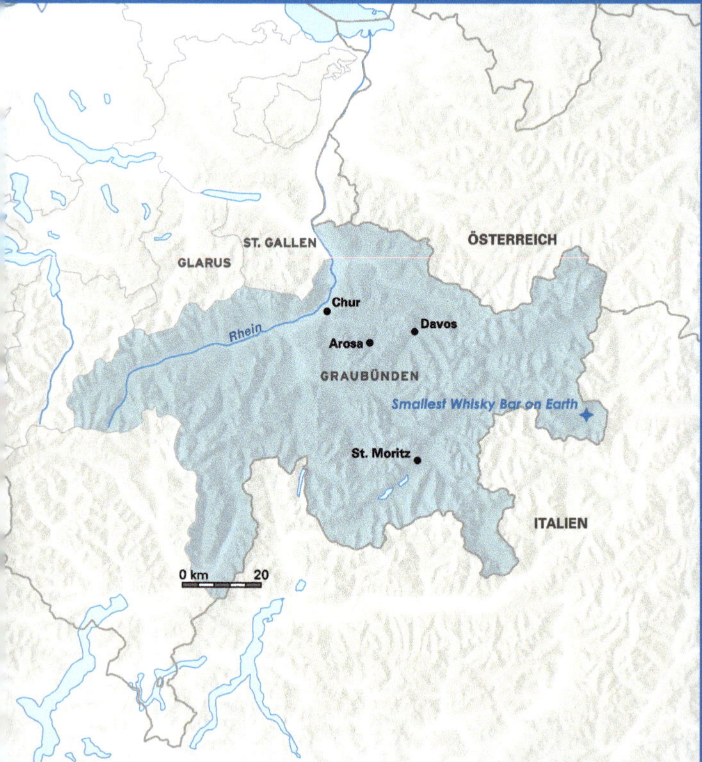

GLARUS
ST. GALLEN
ÖSTERREICH

Rhein
Chur
Davos
Arosa
GRAUBÜNDEN
Smallest Whisky Bar on Earth
St. Moritz
ITALIEN

0 km   20

GRAUBÜNDEN

Der flächenmäßig größte Kanton der Schweiz, der den gesamten Südosten bildet, ist bekannt für seine Seen, seine Burgen und zahlreiche exklusive Wintersport-Orte wie Davos, Klosters und Arosa. Wer möchte, kann dort aber trotz vieler touristischer Highlights auch totale Einsamkeit erleben, denn die Bevölkerungszahlen in diesem Gebiet sind recht gering.

www.schloss-tarasp.ch

Die wohl schönste und angenehmste Form, diesen Teil der Schweiz zu erkunden, ist eine Fahrt mit der Rhätischen Bahn, die sich von Chur aus auf mehreren, 384 Kilometer langen Schmalspurstrecken durch Tunnel, über Brücken und Viadukte bis in alpine Gegenden hochschraubt, in denen oft auch im Sommer noch Schnee liegt. Zwar könnte man auch per Auto in diese Gegenden kommen, doch mit der Rhätischen Bahn ist man viel näher dran an den Seen, den Felsen, den Schluchten und den einsamen Gegenden. Teile dieser Strecken wurden 2008 zum UNESCO-Welterbe erklärt und stehen seitdem insbesondere bei Touristen aus dem amerikanischen und asiatischen Ausland hoch im Kurs. Nur 5 Kilometer von der Unterengadiner Endstation der Rhätischen Bahn in Scuol-Tarasp entfernt befindet sich Schloss Tarasp. Die Burg, die wie eine Bilderbuchvorlage auf einem hohen Felsen über dem Tal thront, wurde schon in der Mitte des 11. Jahrhunderts erbaut. In ihrer wechselvollen und oft auch unruhigen Vergangenheit erlebte sie viele Besitzerwechsel, kam aber im Jahr 1900 in private Hände und wurde danach liebevoll restauriert. Seit 2010 wird sie von einer privaten Stiftung verwaltet und kann zweimal pro Woche im Rahmen einer Führung besucht werden.

Wer danach ins Val Müstair zur High Glen Distillery oder in die »Smallest Whisky Bar on Earth« fährt, sollte einen Abstecher ins berühmte Benediktinerinnen-Kloster St. Johann machen, das nur knapp 5 Kilometer entfernt liegt und auf eine Gründung von Karl dem Großen vor mehr als 1.200 Jahren zurückgeht. Einige der Klostergebäude stammen noch aus den Anfangstagen und zeigen den weltweit größten Freskenzyklus des frühen Mittelalters.

www.muestair.ch

An einer anderen Endstation der Rhätischen Bahn im Oberengadin liegt St. Moritz, das schon vor 3.500 Jahren für seine Heilquellen bekannt war. Heutzutage ist St. Moritz hauptsächlich wegen seiner mondänen Besucher ein Begriff, die sich hier regelmäßig zum Wintersport und zu gesellschaftlichen Anlässen treffen. Aber St. Moritz ist nicht nur für Reiche ein lohnender Anlaufpunkt, denn im Hotel Waldhaus am See, das nur 250 Meter vom Bahnhof entfernt ist, kommen Whisky-Freunde auf ihre Kosten. Die hoteleigene Bar namens »Devils's Place« gilt als die bestausgestattete Whisky-Bar der Welt und hat auch für Normalverdiener ein breites Angebot.

Wer bei der Fahrt mit der Rhätischen Bahn auf den Eisenbahn-Geschmack gekommen ist, kann in St. Moritz in den langsamsten Schnellzug der Welt, den Glacier-Express, umsteigen, der von hier nach Zermatt führt.

Der Knotenpunkt der Rhätischen Bahn, an dem fast alle Strecken zusammenlaufen, ist Chur im nördlichen Teil von Graubünden. Sie gilt als die älteste Stadt der Schweiz, da auf dem Gebiet von Welschdörfli, einem Stadtteil von Chur, schon vor rund 5.000 Jahren gesiedelt wurde. Damals wie heute war wohl die günstige Verkehrslage an einer der wichtigsten Nord-Süd-Achsen Europas ausschlaggebend für die Bewohner. Schon im 4. Jahrhundert wurde in Chur das erste Bistum nördlich der Alpen gegründet, und die zwischen 1150 und 1272 erbaute Kathedrale St. Mariä Himmelfahrt, die als eines der bedeutendsten Kulturdenkmäler der Schweiz gilt, ersetzte frühere, bischöfliche Gebäude.

www.ruinaulta.ch

25 Kilometer westlich von Chur liegt die Rheinschlucht, die in der einheimischen Sprache »Ruinaulta« und im internationalen Umfeld »Swiss Grand Canyon« genannt wird. Die 13 Kilometer lange und bis zu 400 Meter tiefe Schlucht zwischen Ilanz und Reichenau entstand bei einem Felssturz vor mehr als 10.000 Jahren. Insbesondere Outdoor-Fans fühlen sich hier wie im Paradies, denn das Gebiet lässt bei Wanderern, Mountain-Bikern und Kanu- bzw. Kajak-Fahrern keine Wünsche offen.

www.heididorf.ch

Reichlich 20 Kilometer nördlich von Chur liegt das sogenannte »Heididorf«, das eigentlich »Maienfeld« heißt und von der Autorin Johanna Spyri weltberühmt gemacht wurde. Hier spielt die 1880 geschriebene und inzwischen in über 50 Sprachen übersetzte Geschichte von Heidi, Klara, dem Geissenpeter und dem Alpöhi. Das romantische und idealtypische Bild der Schweiz, das die Autorin mit ihren Geschichten gezeichnet hat, wird hier tagtäglich im Heidihaus erneuert. Entsprechend der weltweiten Verbreitung der Kinderbücher, ist das Sprachengewirr auf den zwei ausgeschilderten Erlebnis-Rundwegen groß. Insbesondere Japaner scheinen von Heidi nicht genug bekommen zu können.

Kulinarisch ist Graubünden, das auch gern als die »kleine Schweiz in der Schweiz« bezeichnet wird, etwas ganz Besonderes. Traditionell werden hier viele Gersten-, Hirse- und Buchweizen-Produkte gegessen, denn das Getreide hat durch den Wuchs in Höhenlagen einen kräftigen Geschmack und ist sehr sättigend. Das Bündner Fleisch und die luftgetrocknete Salsiz-Wurst haben hier ihre Wurzeln und die größten Abnehmer. Dazu genießt man Pinot-Noir-Weine der Bündner Herrschaft, einem der qualitativ besten Weinanbaugebiete der Schweiz, das rund um das Heididorf Maienfeld im nördlichsten Teil des Kantons liegt.

So traditionell und landschaftsverbunden das kulinarische Angebot ist, so

eigenständig ist die Sprache. Hier hört man nicht nur autarke Formen des Schweizer Dialektes, sondern kann Zeuge einer lebendigen Nutzung der Rätoromanischen Sprache werden. Es handelt sich dabei nicht um einen Dialekt, sondern um eine eigenständige Sprache mit zahlreichen Einflüssen der keltischen, lateinischen und germanischen Vorfahren, die sich in jeder Bergregion verschieden anhört. Wie viele andere dieser alten, in abgelegenen Gegenden überlieferten Sprachen, ist auch das Rätoromanisch vom Vergessenwerden bedroht. Um dem entgegenzuwirken, wird es wieder verstärkt in Schulen gelehrt und als offizielle Landessprache bei öffentlichen Anlässen und in spezialisierten Radiosendern gesprochen. Die hier übliche Bezeichnung »Grischun« für Graubünden setzt sich zunehmend sogar schweizweit durch. Das Idiom des »Rumantsch«, wie sich die Sprache hier nennt, erkennt man am besten an den Namen und der speziellen Schreibweise vieler Ortsnamen – von Tschlin im Unterengadin bis nach Brüsch (oder auch Brusio) im Puschlavtal.

Für Whisky-Liebhaber wäre die oft atemberaubende und abwechslungsreiche Landschaft sicherlich noch viel begehrenswerter, gäbe es an jeder Ecke eine Brennerei, die zur Besichtigung einlädt. Leider ist es aber mit den Whisky-Produzenten hier genauso wie mit den Einheimischen: Es gibt nur wenige!

DESTILLERIEN

High Glen Distillery & die »Smallest Whisky Bar on Earth«

Kurz vor der Grenze zu Italien im Münstertal liegt Sta. Maria. Der Weg in die kleine Gemeinde, die nur rund 350 Einwohner hat, ist kurvig und beschwerlich, denn man muss, aus Richtung Chur kommend, sowohl den Wolfgang-, den Flüela- als auch den Ofenpass überwinden. Ab Klosters könnte man zwar auch den Autozug nehmen und durch einen Tunnel viel abkürzen, doch dann entgeht einem die fesselnde Landschaft. Aber egal welchen Weg man nimmt, ein Besuch in der kleinsten Whisky-Bar sowie der vermutlich höchstgelegenen Single-Malt-Whisky-Brennerei der Welt ist den langen Weg auf jeden Fall wert.

Gunter Sommer, der norddeutsche Wurzeln hat, eröffnete in dieser entlegenen Gegend im östlichsten Zipfel der Schweiz Ende 2006 die »kleinste Whisky-Bar der Welt«. Um jedem zu beweisen, dass das keine schlichte Floskel ist, ließ er sich diese Tatsache sogar vom Guinness World Records bestätigen. Auf kleinen 8,53 m² haben nur wenige Gäste Platz, dafür sind die Wände bis unter die Decke mit über 200 Flaschen auf Regalbrettern gespickt.

Plaz 71
7536 Sta. Maria Val Müstair
Tel +41 76 422 03 08
info@swboe.com
www.smallestwhiskybar
onearth.com
www.highglenwhisky.com

Neben einer großen Anzahl von Whiskys aus aller Herren Länder findet man auch einige Abfüllungen, die das bareigene Logo tragen. Sie enthalten verschiedene Single Malts, die alle in der Appenzeller Brauerei Locher hergestellt und dort vorwiegend in kleinen, 30 bis 50 Liter fassenden Bierfässern gereift wurden. Andere Abfüllungen mit dem SWBOE-Logo (Smallest Whisky Bar on Earth) haben einen speziellen Korken auf der Flasche, der ein längliches Holzstück hält, das tief in die Flüssigkeit ragt. Mit diesem geschützten Patent möchte Gunter Sommer eine Weiterreifung des Whiskys in der Flasche ermöglichen.

Sein Hang zu ungewöhnlichen Dingen ließ ihn im Jahr 2009 ein nur 17,3 m² großes Whisky-Museum als Ergänzung zur Bar eröffnen. Bislang ist aber noch nicht sicher, ob es sich dabei auch um das »Smallest Whisky Museum on Earth« handelt.

Nun möchte Gunter Sommer einen weiteren Rekord aufstellen und baut gerade die weltweit höchstgelegene Single-Malt-Whisky-Brennerei auf 1.400 m ü. M. Die Recherchen, ob dieser Titel für seine High Glen Distillery gerechtfertigt sein wird oder nicht, sind bislang aber noch nicht abgeschlossen. Dass die Brennerei außergewöhnlich sein wird, steht jedoch außer Frage, denn Gunter Sommer wird lokales Getreide verarbeiten, will selber mälzen und seine Brennblasen ausschließlich mit Sonnenenergie betreiben. Der zukünftige Whisky, der hier entsteht, soll 100 %-ig CO_2-frei produziert werden.

Sobald die Brennerei im Laufe des Jahres 2015 in Betrieb geht, können Interessierte auf Voranmeldung eine Tour vereinbaren, die ihnen Einblicke in die Gesamtproduktion ermöglicht. Das beinhaltet einen Spaziergang zum Getreidefeld, Gerstenschippen in der Mälzerei und einen Rundgang durch die Brennerei und das Fasslager. Dem anschließenden Besuch im Museum folgt eine Verkostung in der »Smallest Whisky Bar on Earth«. Dort gibt es übrigens kein Bier und keinen Wein, sondern »Whisky only«.

BARS

Tschuggen Grand Hotel

Sonnenbergstrasse
7050 Arosa
Tel. +41 (0) 81 378 99 99
www.tschuggen.ch

In traumhafter Lage am Ortsrand von Arosa befindet sich das Grand Hotel Tschuggen, das nach dem Hausberg Arosas benannt ist. Das 1929 erbaute 5-Sterne-Hotel verfügt über zahlreiche Restaurants, einen exklusiven Spa-Bereich und verschiedene Bars. Die öffentlich zugängliche Tschuggen Bar offeriert eine breite Auswahl an Whiskys und Rums, die in luxuriösem Ambiente genossen werden können.

Öffnungszeiten: täglich ab 11 h

Chämi Bar

Promenade 83
7270 Davos Platz
Tel. +41 (0) 79 818 38 94
www.chämibar.ch

Gleich bei der Davoser Eishalle gelegen, bietet diese gemütliche Bar, in der sich oft auch etwas jüngeres Publikum trifft, eine Auswahl von mehr als 250 Flaschen Whisky – Standards sowie Raritäten- zu ausgesprochen moderaten Preisen. Die Küche offeriert leckere Snacks und kocht gelegentlich sogar mit Whiskys.

Whisky-Tastings mit Snacks ab 2 Personen auf Anfrage.

Öffnungszeiten: Mo–So 19–ca. 2 h

Hotel Waldhaus am See

Das in Whisky-Kreisen wohl bekannteste Hotel ist das »Waldhaus am See«. Entgegen häufiger Annahmen ist es kein Luxus-Haus, sondern bietet gehobenen 3-Sterne-Komfort. Dafür punktet es mit der »größten Whisky-Bar der Welt« und mehr als 2.500 verschiedenen Flaschen zur Auswahl. Eigene Abfüllungen ergänzen das riesige Angebot. Die Bar namens »Devil's Place« ist sogar im Verzeichnis der Guinness World Records bestätigt. Whisky-Tastings und -Menüs auf Anfrage.

Devil's Place
Via Dimlej 6
7500 St. Moritz
Tel. +41 (0) 81 836 60 00
www.waldhaus-am-see.ch

Öffnungszeiten: tägl. ab 16 h

Smallest Whisky Bar on Earth

Mehr als 200 Flaschen auf 8,53 m², das ist lt. Guinness World Records die »kleinste Whisky-Bar der Welt«. Hier gibt es nur Whisky und sonst nichts! Neben Produkten aus der ganzen Welt finden sich auch Eigenabfüllungen, exklusiv für die SWBOE. An die Bar angegliedert findet sich auch ein kleines Whisky-Museum.

Plaz 71
7536 Sta. Maria Val Müstair
Tel. +41 (0) 76 422 03 08
www.swboe.ch

Öffnungszeiten: Do–Sa 21–24 h
und auf Anfrage

SHOPS

Malt-whisky.ch Shop of Chur

Reichsgasse 61
7000 Chur
Tel. +41 (0) 81 322 98 21
www.malt-whisky.ch

In urigen Kellergewölben im Herzen der historischen Altstadt von Chur betreibt Markus Thöni seinen gut sortierten Whisky-Shop. Viele Produkte kann man vor Ort probieren. Neben den online-gelisteten Abfüllungen findet man hier auch immer interessante Raritäten.

Öffnungszeiten: Fr 14–18 h & Sa 9–12 h oder nach telefonischer Vereinbarung

The Golfers

Golfshop &
Experience-Center
Glen Fahrn Partner
Industriestr. 2b
7208 Malans
Tel. +41 (0) 81 284 40 06
birdie@thegolfers.ch
www.thegolfers.ch

»The Golfers« verbindet zwei schottische Leidenschaften in einem Business: Golf und Whisky. Inmitten des weitläufigen Shops für In- und Outdoor-Equipment findet man in der »Lounge« eine Oase ausgesuchter Getränke. Hier werden nicht nur Whisky, sondern auch Rum und Wein angeboten. Per Bestellung hat man Zugang zum Gesamtsortiment der Firma Glen Fahrn.

Öffnungszeiten:
Sommer: Mo–Fr   9–18.30 h
                 Sa & So 9–17 h

Kindschi Söhne AG

Eigentlich ist die Firma Kindschi eine Destillerie, und zwar die größte in Graubünden! Bekannt ist sie vor allem für ihren Bündner Röteli, einen traditionellen Schweizer Kirschlikör. Als Auftragsproduzenten haben die Kindschi-Destillateure schon für verschiedene Schweizer Produzenten Whiskys gebrannt, für sich selbst jedoch noch keinen hergestellt. Im Verkaufsladen finden sich neben den eigenen Obstbränden und Likören auch eine große Auswahl an Schottischen Whiskys und anderen Spirituosen.

Industriestr. 167d
7220 Schiers
Tel. +41 (0) 81 410 16 16
info@kindschi.ch
www.kindschi.ch

Öffnungszeiten: Mo–Fr 7:30–12
& 13–17 h

world of whisky

Das Hotel Waldhaus am See beherbergt nicht nur den »Devil's Place«, die größte Whisky-Bar der Welt, sondern auch einen der größten Schweizer Whiskyshops. Auf Anfrage ist der Zugang zum Shop jederzeit möglich. Die große Auswahl ist auch in einen Online-Shop erhältlich. Durch die enge Zusammenarbeit mit Signatory gibt es bei world of whisky viele exklusive Sonderabfüllungen. Der hauseigene Whisky-Club bietet Mitgliedern zahlreiche Vorteile bei Bestellungen und Besuchen.

Hotel Waldhaus am See
Via Dimlej 6
7500 St. Moritz
Tel. +41 (0) 81 852 33 77
info@worldofwhisky.ch
www.worldofwhisky.ch

offen auf Anfrage

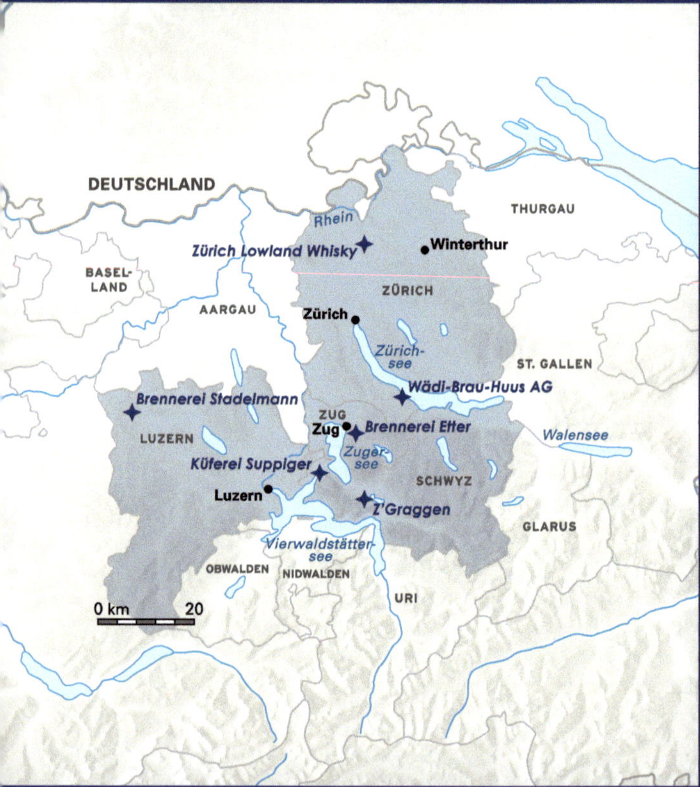

DEUTSCHLAND

THURGAU

Rhein

ZÜRICH

Zürich Lowland Whisky ✦

● **Winterthur**

BASEL-
LAND

AARGAU

Zürich ●

ST. GALLEN

*Zürich-
see*

Wädi-Brau-Huus AG

✦ *Brennerei Stadelmann*

ZUG

✦ *Brennerei Etter*

Zug ●

LUZERN

Küferei Suppiger ✦

*Zuger-
see*

Walensee

SCHWYZ

Luzern ●

✦ *Z'Graggen*

GLARUS

*Vierwaldstätter-
see*

OBWALDEN NIDWALDEN

URI

0 km   20

WHISKYREGION MITTE

Die Whiskyregion, die wir als »Mitte« bezeichnen wollen, umfasst die Kantone Zürich, Zug, Luzern und Schwyz. Eigentlich würden noch ein paar mehr wie z. B. Glarus, Ob- und Nidwalden und auch Uri dazugehören, aber dort gibt es (noch) keine Whisky-Produzenten.

Die Region Mitte ist von allen hier vorgestellten Regionen die am dichtesten bewohnte mit großen Städten, hervorragenden Verkehrsnetzen, zahlreichen gut bestückten Bars und natürlich auch mit vielen Läden, die das Herz eines jeden Whisky-Liebhabers höher schlagen lassen.

Zürich ist der bevölkerungsreichste Kanton der Schweiz mit mehr als 1,4 Millionen Einwohnern auf vergleichsweise kleiner Fläche und allein mehr als 400.000 Einwohnern im Stadtgebiet. Viele Leute bezeichnen deshalb die Stadt Zürich oft fälschlich als Hauptstadt der Schweiz. Es mag vielleicht die Hauptstadt der Banken in der Schweiz sein, vielleicht auch die kulturelle Hauptstadt, und Zürich hat zweifelslos die größte internationale Ausrichtung der Schweiz, die Regierung sitzt aber nach wie vor in Bern.

Für Whisky-Liebhaber hat Zürich viel zu bieten. Zum einen ist es die Nähe zu zwei Whisky-Produzenten, zum anderen sind es die vielen Läden und exquisiten Bars, die Whisky anbieten. Das absolute Highlight ist hier aber die jährlich stattfindende Veranstaltung »Whisky-Schiff«, bei der sich Ende November/Anfang Dezember die Whisky-Familie vier Tage lang auf Schiffen an der Anlegestelle Bürkliplatz trifft und das Wasser des Lebens zelebriert.

Nur reichlich 30 Kilometer entfernt liegt die pittoreske Altstadt von Zug. Der gleichnamige Kanton ist trotz großer Seen der kleinste der Schweiz, dafür darf er sich auch der »reichste« nennen. Denn Zug ist für viele internationale Unternehmen ein kleines Steuerparadies und kann sich deshalb ständigen Zuzugs finanzstarker Firmen sicher sein. Doch Zug hat mehr zu bieten als attraktive Steuergesetze. Hier blühen jedes Frühjahr unzählige Kirschbäume, die Hügel und Seen laden zum Wandern ein und die Höllgrotten, die schon seit über 150 Jahren zugänglich sind und in denen einige Whisky-Fässer lagern, versprechen unterirdische Erlebnisse. Nur 20 Kilometer entfernt können sich Geschichtsinteressierte das Schlachtfeld Morgarten

am Ägerisee ansehen, wo am 15.11.1315 eine entscheidende Auseinandersetzung zwischen Eidgenossen und Habsburgern stattfand.

Noch etwas weiter nach Südwesten liegt die dritte, größere Stadt der Whiskyregion Mitte: Luzern. Berühmt geworden ist sie wegen ihrer hölzernen, überdachten und bemalten Kapellbrücke, die schon seit 1365 die Reuss nahe der Mündung in den Vierwaldstättersee überspannt. Dabei übersehen viele die Spreuerbrücke, die 1566 gebaut wurde und etwas zurückgesetzt liegt, aber kunsthistorisch nicht weniger interessant ist. Jedes Jahr findet Mitte März ein zweitägiges Whisky-Spektakel nahe der Seebrücke statt – das Whisky-Schiff Luzern! Ähnlich der Züricher Veranstaltung findet diese Messe auf drei Ausflugsschiffen statt; und jährlich wird auf einer fahrbaren, mobilen Brennanlage ein festivaleigener Whisky von Urs Lüthy destilliert.

Der Kanton Schwyz, der neben Uri und Unterwalden zu den Urkantonen der Schweiz gehört, ist auch ein kleines Steuerparadies. Touristisch ist er schon 1871 berühmt geworden, denn in diesem Jahr wurde die erste Bergbahn Europas eröffnet und ermöglichte weniger Sportlichen den Zugang auf die (!) Rigi. Und auch heute noch trennt sich mit der richtigen Anwendung des Artikels – nämlich dem weiblichen – die touristische Spreu vom Weizen.

JOHNETT – Brennerei Etter

Es gibt wohl kaum einen Spirituosen-Liebhaber, der noch nicht vom berühmten Zuger Kirsch der Firma Etter gehört hat. Schon seit 1823, seit den ersten Tagen der familieneigenen Brenntradition sind die Etters berühmt für ihre Kirschbrände, die seitdem mit vielen weiteren, international hochgelobten Obstbrand- und Likör-Produkten ergänzt wurden. 1870 wurde der gewerbliche Brennerei-Betrieb gegründet, der seitdem kontinuierlich ausgebaut wurde. Im umfangreichen Archiv der Brennerei stehen sogar noch Kirsch-Flaschen von 1885. Der älteste Kirschbrand der Firma Etter, der noch zu kaufen ist, stammt aus dem Jahr 1949, man trinkt sozusagen eine flüssige Geschichtsstunde.

Chollerstr. 4
6300 Zug
Tel. +41 (0) 41 748 51 51
www.etter-distillerie.ch
www.johnett.ch

2007 erweiterte Hans Etter sein Portfolio um den JOHNETT Swiss Single Malt Whisky. Teil der ersten Abfüllung waren noch einige Fässer, die ursprünglich von Edi Bieri, einem hochgeschätzten Destillateur aus der Nachbar-Gemeinde Baar hergestellt wurden, der jedoch aus gesundheitlichen Gründen sein Handwerk einstellte.

Die Whiskys, die den teilweise anglisierten Namen des Senior-Chefs Hans »John« Etter tragen, entstehen in enger Zusammenarbeit mit der Brauerei in Baar. Von dort stammt die Würze, die dann bei Etter am Stadtrand von Zug destlliert wird. Die Reifung des Whiskys erfolgt anschließend entweder in Fässern, die tief unter der Erde im ewig kühlen, feuchten Klima der Höllgrotten liegen oder sich das hauseigene Lager mit fassreifenden Obstbränden teilen. Bei Etter wird sehr viel Wert darauf gelegt, dass alle Komponenten, die den Johnett ausmachen, regionalen Ursprungs sind, oder zumindest einen engen Bezug zur heimischen Region haben. Deshalb wird auch nur einheimische Gerste für die Herstellung verwendet. Die Reifung erfolgt in Fässern, die vorher mit schweizerischen Weinen, vorwiegend Pinot Noir, aus der Gegend von Luzern befüllt waren. Und selbst das Wasser, mit dem der Whisky vor der Befüllung der Flaschen von Fassstärke auf Trinkstärke verdünnt wird, entstammt den Tropfsteinhöhlen im nahen Baar, in denen ja schon zahlreiche Fässer lagerten.

Führungen: CHF 19
Bei Gruppen unter 10 Teilnehmern
pauschal CHF 190
(Bis maximal 35 Personen, Anmeldung
notwendig)

Derzeit sind nur Führungen zum Thema
Obstbrände möglich.
Ab 2015 soll es jährlich ein Themenwochenende, die sog. »Johnett-Days« rund
um den hauseigenen Whisky geben.

Z'Graggen

Seestr. 56
6424 Lauerz
Tel. +41 (0) 41 811 55 22
www.zgraggen.ch

Nur rund 40 bzw. 50 Kilometer von Luzern oder Zürich entfernt liegt Lauerz sehr zentral und wirkt doch abgelegen und ländlich. Das ursprüngliche Dorf Lauerz, das schon 1368 erstmalig erwähnt wurde, fiel 1806 einem Tsunami fast vollständig zum Opfer. Ein Tsunami in der Schweiz? Wer den friedlich in einer Senke zwischen der Rigi und den Mythen (Bergmassiv der Schweiz) liegenden Lauerzer See sieht, kann sich keine Vorstellung davon machen, dass hier der »Felssturz von Goldau« eine rund 20 Meter hohe Flutwelle ausgelöst haben soll. Damals rutschte ein ganzer Bergkegel nach mehreren Tagen Dauerregen ab, einige Ortschaften wurden vollständig verschüttet und es starben 457 Menschen.

Heutzutage ist Lauerz hauptsächlich bekannt, weil dort die kleinen, tiefschwarzen Lauerzer Kirschen wachsen, die vielen Schweizer Kirschbränden einen charaktervollen Geschmack geben.

Die hiesige Brennerei Z'Graggen wurde bereits 1948 gegründet und zog 1953 an den heutigen Standort direkt an der Uferstraße. Andreas und Tony Z'Graggen gehören bereits zur dritten Generation des Familienbetriebes und halten heute das Zepter in der Hand. Auf ihr beider Konto geht die 1994 durchgeführte Betriebsvergrößerung und die Umgestaltung in eine Schaubrennerei. Heute sind sie Herren über acht Brennhäfen, die alle zusammen ein Brennvolumen von rund 2.700 Liter haben.

Als Teil einer Art Whisky-Quadriga stiegen die beiden Brüder schon 1999 mit drei anderen Betrieben ins Whisky-Business ein. Edi Bieri (siehe Kapitel über Swissky) war der damalige Destillateur und die beteiligten Betriebe übernahmen Fassanteile, die sie in ihren eigenen Läden vermarkteten. Als sich Edi Bieri zurückzog und seine Brennerei aufgab, stellte die Schaubrennerei Z'Graggen erstmalig selbst Whisky her. Im »brennishop« der Destillierie kann man derzeit einen drei- und einen achtjährigen Single Malt Whisky bekommen.

Neben den eigenen Single Malts stellen die Brüder Z'Graggen auch für anderen

Produzenten Whisky als Lohnbrenner her.

Bei einer Führung mit den Brennerei-Inhabern erfährt man alles Wichtige über die Herstellung der verschiedensten Spirituosen und Liköre. Auf Wunsch kann der Schwerpunkt einer solchen Führung gerne auch auf das Thema Whisky gelegt werden.

Führungen: auf Anmeldung
bis 15 Personen pauschal   CHF 150
ab 16 Teilnehmern   CHF 15 p.P.
für Apéro und Degustation   CHF 5 p.P.
(Dauer ca. 1,5–2 Std., Anmeldung notwendig)

Öffnungszeiten Shop:
Mo–Fr   8.30–11.45 h & 13.30–18 h
Sa   8–11.45 h & 13.15–17 h

Brennerei Stadelmann
Luzerner Hinterländer Whiskey

Unterdorf 5
6147 Altbüron
Tel. +41 (0) 62 927 20 17
www.schnapsbrennen.ch

Die 1932 gegründete Brennerei Stadelmann wird inzwischen in der dritten Generation geführt. Wie früher für Destillateure üblich, waren auch die Stadelmanns mit einer mobilen Brennanlage unterwegs und zogen im Kundenauftrag von Hof zu Hof. Durch die immer geringere Zahl der Landwirtschaftsbetriebe lohnte sich diese »Störbrenner«-Tradition für die Familie aus Altbüron irgendwann nicht mehr und das Lohnbrennen wurde nach dem Jahr 2001 nur noch in der stationären Brennerei durchgeführt.

Die vierte Generation der Stadelmanns steht schon in den Startlöchern. Während sich Hans Stadelmanns jahrzehntelange Erfahrung bei der Verarbeitung von Obstmaischen in den Regalen seiner »Schnapsboutique« widerspiegelt, hat sich seine Tochter Jolanda des Whiskys angenommen. Sie war auch diejenige, die durch ihre Mitgliedschaft im Whisky-Club Melchnau zuerst mit Whisky in Berührung kam und eine Begeisterung dafür entwickelte. Der erste Whisky, der 2003 in der Brennerei der Stadelmanns entstand, war folglich eine clubeigene Abfüllung, die in einem Mostfass reifte und mit dem Namen »Dorfbachwasser« abgefüllt wurde. Es folgten mehr oder weniger jährlich weitere Fassabfüllungen gleichen Namens im Auftrag des Whisky-Clubs. Ein besonderes Highlight war der in einem Fass der schottischen Brennerei Bruichladdich gelagerte Whisky, der zum zehnjährigen Jubiläum des Clubs veröffentlicht wurde.

Die hauseigenen Whiskys, die unabhängig vom Whisky-Club vermarktet werden, entstehen seit 2005 unter Jolandas Aufsicht. Zunächst wurden mehrere Abfüllungen lediglich als »Luzerner Hinterländer Single Malt« bezeichnet, da die gesetzlich vorgeschriebene Mindestreifezeit von 3 Jahren noch nicht erreicht war. Seit 2010 gibt es nun aber eine mindestens drei Jahre lang gereifte Abfüllung. Das Wort »Whiskey«, das in Altbüron seit dem überraschenderweise ein »e« im Namen trägt, darf nun also endlich auf dem Etikett stehen.

Zur Reifung des brennereieigenen Whiskeys werden üblicherweise blanke Eichenfässer bzw. Weinfässer benutzt, die vorher mit Merlot befüllt waren. Für Kunden mit einem süßeren Zahn gibt es auch einen Single Malt Likör.

Seit einigen Jahren sieht man Jolanda Stadelmann gelegentlich mit einer historischen Hausbrennanlage auf verschiedenen Märkten und Festen in der Region destillieren, wo sie einem breiten Publikum das alte, traditionelle Schnapsbrenner-Handwerk wieder näher bringt.

Brennereiführung:
(wahlweise zum Thema Edelbrände oder Whisky, auf Voranmeldung für Gruppen ab 10 Personen)

Die Schnapsboutique, wie der kleine Brennerei-Laden liebevoll genannt wird, hat keine festen Öffnungszeiten.
Es empfiehlt sich deshalb, vorher anrufen.

Brennerei Erismann

Schon seit vier Generationen werden Obst und Früchte von der Familie Erismann flüssig veredelt, einerseits in ihrer stationären Brennerei in Eschenmosen, einem Ortsteil von Bülach nördlich von Zürich, andererseits aber auch mit einer fahrbaren Brennanlage, mit der Hans Erismann nach wie vor von Dorf zu Dorf und von Kunde zu Kunde fährt und in deren Auftrag er vor Ort destilliert. Diese mobilen Brennanlagen waren früher ein oft gesehener Anblick in der dörflichen Schweiz, welcher aber zunehmend verschwindet. Jeder Obstbauer, der keine eigene Brennanlage hatte, bestellte sich im Herbst einen »Störbrenner« auf den Hof, der seine eingemaischten Früchte vor Ort in Hochprozentiges verwandelte. Auf diese Weise sparten sich die Bauern den wackeligen Hin- und Hertransport der wertvollen Ware in Behältern, die noch nicht so gut zu verschließen waren wie heute oder zu zerbrechen drohten.

Neben seinen zwei stationären Brennblasen und dem Destillierwagen besitzt Hans Erismann drei weiter Störbrennereien, die allerdings schon Oldtimer-Status haben und alle aus Familienbesitz stammen. Die älteste von ihnen wurde im Jahr 1890, dem Gründungsjahr der Brennerei, angeschafft.

Als einer der Ersten nach der gesetzlichen Freigabe in der Schweiz stieg Hans

Dorfstr. 6
Eschenmosen
8180 Bülach
Tel. +41 (0) 44 860 53 02
www.brennerei-
erismann.ch

Erismann 1999 gemeinsam mit drei anderen Brennern ins Whiskygeschäft ein. Unter dem Namen »Swissky« wurden einige Chargen produziert und gemeinsam vertrieben. Der erste Whisky in Eigenregie entstand 2007 mit der Bezeichnung »Zürcher Lowlander«. Leider hatte Hans Erismann bei der Namensgebung nicht mit der Scotch Whisky Association (SWA) gerechnet, die eifersüchtig über die Unverkennbarkeit des schottischen Nationalgetränks wacht. Im vergangenen Jahr erhielt er deshalb eine Abmahnung und die Aufforderung, den Namen, der zu leicht mit den Schottischen Lowlands zu verwechseln sei, mit sofortiger Wirkung zu ändern. Die Namensänderung ist zwischenzeitlich geschehen und mit »Tsyri Zürcher Whisky« dürfte ein guter Ersatz gefunden sein. Das Gutachten, das die SWA wegen der angeblich unzulässigen Verwendung der Herkunftsbezeichnung angestrebt hat, ist aber noch nicht vom Tisch.

Interessierte Besucher können sich die Brennerei und die museumsreifen Störbrennereien gern ansehen.
Degustation und Führungen für max. 25 Personen auf Anfrage.

Öffnungszeiten: Mi & Fr 14–18 h
Sa   9–12 h

Wädi-Brau-Huus – 8820

Die Brautradition in Wädenswil scheint untrennbar mit der Familie Weber verbunden zu sein. Schon 1826 wurde dort eine Schnapsbrennerei in eine Brauerei umgebaut, die sich seit 1866 im Besitz der Familie Weber befand. Leider endete diese Geschichte 1990 mit der Übernahme der Brauerei durch Feldschlösschen, einen Schweizer Biergiganten, der zur Carlsberg Gruppe gehört. Doch nur zwei Jahre später ließen Gary Wuschech-Kistler und ein paar Freunde die Wädenswiler Brautradition wieder aufblühen und gründeten das Wädi-Brau-Huus. Im Jahr 2000 kam mit Christian Weber dann auch wieder ein Vertreter der mittlerweile fünften Weber-Generation in den Betrieb.

Der erste Wädenswiler Single Malt Whisky kam 2005 auf den Markt. Wie alle späteren Abfüllungen auch trägt er

Florhofstr. 13 »di alt Fabrik«
CH-8820 Wädenswil
Tel. +41 (0) 44 783 93 92
www.waedenswiler.ch

die Bezeichnung 8820, die Postleitzahl von Wädenswil! Der Whisky entsteht durch Arbeitsteilung, denn die Würze wird zunächst in Wädenswil hergestellt und anschließend bei Ruedi Käser in Elfingen destilliert. Das frische Destillat reift dann im Whisky Castle in sogenannten »Doublewood«-Fässern, die teilweise aus Amerikanischer und teilweise aus Limousineiche gefertigt werden. Die erste Abfüllung kam als dreijähriger Whisky auf den Markt, danach folgten ein fünf- und ein siebenjähriger, die jeweils in Trink- und in Fassstärke abgefüllt wurden.

Das Wädi-Brau-Huus bietet in seinem Restaurant mit rund 180 Plätzen eine große Auswahl an eigenen Bieren an, die größtenteils auch im angrenzenden Brau-Shop erstanden werden können.

Diverse Bierführungen, Brauereiführung mit Apéro, öffentliches Brauseminar

Speziell für Gruppen wird ein ausführliches Whiskyseminar mit begleitendem 4-Gang-Menü angeboten. Der Preis pro Person richtet sich nach der Anzahl der Teilnehmer und liegt zwischen CHF 183 und CHF 198.

Öffnungszeiten des Restaurants:
Mo–Sa   08.30–0 h
So   geschlossen
Feiertage 11–23 h

Küferei Suppiger

Der Besuch einer Küferei ist ein beeindruckendes Erlebnis, das lange unvergessen bleibt. Das Zusammenspiel der drei Elemente Holz, Wasser und Feuer, gepaart mit schierer menschlicher Kraft, lässt Fässer in einem gänzlich neuen Licht erscheinen.

In der Schweiz existieren derzeit leider nur noch vier Betriebe, die dieses alte Handwerk ausüben. Die Küferei von Roland Suppiger, die schon 1895 gegründet wurde und heute von ihm in vierter Generation geführt wird, ist die größte von ihnen und liegt zwischen Vierwaldstätter und Zuger See. Er ist auch der Einzige, der Lehrlinge ausbildet und die Nachfrage nach diesen Stellen ist sehr groß, denn Fässer können nicht maschinell hergestellt werden und spielen bei dem Ausbau von Weinen und Spirituosen auch in Zukunft noch eine wichtige Rolle. Der Beruf des Küfers ist sehr komplex, denn es kommt nicht nur auf Muskeln an, sondern auch auf gute mathematische Kenntnisse und die Fähigkeit, auf 1/10 Millimeter genau arbeiten zu können.

Besucher, die das Küferei-Gelände betreten, staunen zunächst meist über die großen Bestände an aufgestapeltem Holz, das ungeschützt der Witterung ausgesetzt ist und mehrere Jahre auf dem Hof »reift«, bevor es verarbei-

Chli Ebnet 7
6403 Küssnacht am Rigi
Tel. +41 (0) 41 850 12 65
www.kueferei-suppiger.ch

tet werden kann. Küfer müssen hier viel Geduld beweisen, denn die Lagerung dauert nach einer Faustregel rund 1 Jahr pro Zentimeter Holzdicke.

Der Lärm in der Fertigungshalle ist ohrenbetäubend, hier wird gehämmert und gesägt, während die tropfnassen, zu unfertigen Fässern zusammengefassten Holzdauben über offenem Feuer getoastet werden und langsam ihre halbrunde Form erhalten. Die Werkzeuge in Suppigers Küferei sind teilweise schon sehr alt und wirken wie Museumsstücke. Aber es ist oft kein Ersatz mehr erhältlich und sie werden gehegt und gepflegt, um sie so lange wie möglich zu erhalten.

Hier werden jährlich rund 250 Barrique-Fässer hergestellt, die vorwiegend für die Lagerung von Wein verwendet werden. Darüber hinaus entstehen auf Kundenwunsch circa 100 Fässer in verschiedenen Größen ab 10 Liter Fassungsvermögen und in diversen Holzsorten. Jährlich kommen noch etwa 35 Großfässer hinzu. Das größte Fass, das Roland Suppiger jemals angefertigt hat, konnte letztendlich einen Inhalt von rund 20.000 Litern fassen.

Fast jeder Kundenwunsch ist also erfüllbar; Rolands Suppigers Motto lautet deshalb auch: »Unmöglich gibts nicht!«. Selbst vor individuellen Ideen wie Whirlpools, Saunen, Badewannen und diversen Barmöbeln wird hier nicht haltgemacht. Sogar für das Thermalbad Zürich entstanden hier drei Holzbecken!

Führungen: CHF 150 pauschal durch den Küfereibetrieb, nur für Gruppen von ca. 10 bis 25 Personen, Dauer ca. 90 Min., Anmeldung notwendig)
Apéro   CHF 8 p.P.
(auf Wunsch)

INTERVIEW BAR

Markus Blattner wurde 1969 geboren. Der gelernte Kaufmann kam erst 1996 als Quereinsteiger zur Gastronomie.

In den zwei Jahren vor seinem Wechsel bereiste er die Welt, wobei in ihm schon der Gedanke reifte, auch beruflich in Zukunft nur noch das zu tun, was ihm Spaß macht.

Wieder zurück in Zürich startete er zunächst als »Commis de Bar« in der exklusiven Bar des Widder-Hotels. Doch nach einer Weile zog es ihn wieder in die Welt hinaus. Diesmal verband er seine Leidenschaft für das Reisen mit seiner Liebe für das Barleben und arbeitete von 1998 bis Ende 2000 als Bartender auf luxuriösen Kreuzfahrtschiffen. Nach seiner Rückkehr folgte er wieder dem Ruf der Widder-Bar, diesmal stieg er jedoch gleich in leitender Position als »Chef de Bar« ein.

Im September 2013 erfüllte er sich nun mit seiner Frau Petra und seinem früheren Kollegen Jvan Paszti den lang gehegten Traum einer eigenen Bar und eröffnete die Old Crow Bar in Zürich in der Schwanengasse.

Markus, was ist Ihre Lieblingsspirituose?
Whisky und Bourbon!

Gibt es dafür einen speziellen Grund?
Ja, Whisky ist wegen seiner Vielfältigkeit so spannend!

Was halten Sie persönlich von Schweizer Whiskys? Und können Sie Ihre Meinung begründen?
Schweizer Whiskys haben ein enormes Potenzial. Meines Erachtens fehlt derzeit jedoch noch die Erfahrung der Produzenten. Leider sind diese Produkte oft noch zu sehr Getreidespirituosen und zu wenig Whisky.

Wie kommen CH-Whiskys bei der Kundschaft an?
Bei den Touristen kommen sie besser an als bei den Schweizern. Ich denke, gerade

Touristen möchten gerne einmal »Swiss-ness« probieren.

Und wie ist das mit den anderen »Exoten«?
Die klassischen Whisky-Länder verkaufen sich nach wie vor am besten und auch am einfachsten. Wir haben aber trotzdem gern vereinzelte »Exoten« auf der Karte.

Funktionieren Whisky-Drinks heute noch?
Drinks auf Basis von Bourbon oder Rye laufen immer, da wird sich wohl auch nie was ändern. Zusammen mit den Drinks auf Single-Malt-Basis erleben die Whisky-Drinks momentan aber einen regelrechten Boom!

Könnte man Schweizer Whiskys in klassischen Drinks verwenden?
Ja, sie eignen sich sicher. Die bekannten Whisky-Drinks müssten unter Umständen leicht an die Schweizer Whiskys angepasst werden. Leider werden die Drinks dann aber auch schnell zu teuer.

BARS

Art Deco Hotel Montana

Echte Raritäten stehen hier in der Whisky-Karte. Wer das nötige Kleingeld hat, sich einen Dram für CHF 1.000 oder 2.000 zu leisten, wird bei dieser Auswahl glücklich. Aber auch für den normalen Geldbeutel ist das Angebot groß. Mit der Bezeichnung »Glen Montana« gibt es sogar einen Haus-Whisky aus Schottland, der als Fassabfüllung importiert wurde. Im 4-Sterne-Art-Deco Hotel Montana schläft und isst man nicht nur gut, sondern man kann sich auch im hauseigenen Spa verwöhnen lassen.

Adligenswilerstr. 22
6002 Luzern
Tel. +41 (0) 41 419 00 00
www.hotel-montana.ch/
louis-bar

Öffnungszeiten: So–Do 17–0:30 h
Fr & Sa 17–2 h

Raddison Blu Hotel Luce Bar

Die Hotelbar im stylischen italienischen Design glänzt mit einer umfangreichen Whisky-Karte. Neben den üblichen Standards, die aus allen Whiskyregionen der Welt stammen, werden zahlreiche alte und seltene Abfüllungen zu durchaus moderaten Preisen angeboten.

Inselquai 12
6005 Luzern
Tel. +41 (0) 41 369 99 70
www.radissonblu.de/
hotel-lucerne/
restaurants-und-bars

Öffnungszeiten: tägl. bis 1 h

Widder Bar

Rennweg 7
8001 Zürich
Tel. +41 (0) 44 224 25 26
www.widderhotel.ch

Die Widder Bar ist vermutlich die bekannteste Whisky-Bar der Schweiz, und nur den Wenigsten ist wohl bewusst, dass sie eigentlich eine Hotelbar eines kleinen, aber sehr feinen Fünf-Sterne-Hauses ist. Das Widderhotel gehört zu den Swiss Deluxe Hotels und verspricht formvollendeten Service und individuell zugeschnittenen Luxus. Die edle Hotelbar mit über 1.000 Flaschen, die in einer Art Hochregal hinter der Bar verstaut sind, lässt keine Wünsche offen, egal ob man sich für schottische Raritäten aus den 60ern oder Einzelfass-Abfüllungen aus Japan interessiert. Vor lauter Whisk(e)y sollte man aber nicht einen Blick auf die Cocktail-Karte verpassen!

Öffnungszeiten: Mo–Mi 11:30–1 h
Do–Sa 11:30–2 h
So   11:30–0 h

Haus zum Highlander

Michèle und Michael Büchler führen neben ihrem Whisky-Laden Michi's WhiskyWelt in Bülach auch die Sport- und Whiskybar »Haus zum Highlander« mit Smokers-Lounge in Niederglatt. Dabei ist Arbeitsteilung Trumpf: Michèle ist die Chefin der Bar, während sich Michael hauptsächlich um die regelmäßig stattfindenden Tastings kümmert.

Sägereistr. 5/7
8172 Niederglatt
Tel. +41 (0) 79 422 48 07
www.highlander-bar.ch

Öffnungszeiten: Mo–Mi 17–24 h
Do–Fr 17–1 h
Sa 18–1 h

Hard One

Das Hard One ist eine Bar auf dem Dach des Abaton-Kinos in Zürich West. Die ursprünglich als Champagner-Bar konzipierte Location bietet inzwischen aber wesentlich mehr Whiskys an. Hinter den aufgereihten Flaschen der 20 m langen Bar hat man einen traumhaften Blick auf die Skyline der ehemaligen Industriearchitektur dieses Stadtteils. Freitags und samstags ab 22 h herrscht hier eine ausgelassene Club-Atmosphäre mit wechselndem Programm. Wenn es das Wetter zulässt, kann man seinen Drink auch auf der großen Terrasse genießen.

Hardstr. 260
8005 Zürich
Tel. +41 (0) 44 444 10 00
www.hardone.ch

Öffnungszeiten: Di–Do 18–2 h
Fr 18–4 h
Sa 22 h open end

Simplon Bar

Schützengasse 16
8001 Zürich
Tel. +41 (0) 44 222 19 39
www.simplonbar.ch

Unmittelbar neben dem Hauptbahnhof Zürich gelegen befindet sich die schon 1927 gegründete Simplon Bar. An diesem traditionsreichen Ort hat man die Auswahl zwischen unzähligen Cocktails und vielen Whiskys zu moderaten Preisen. Die Bar wurde erst kürzlich erweitert und bietet seitdem auch kleine Speisen und Snacks an. Jeweils montags werden Whisky-Taster-Sets, bestehend aus drei Whiskys, angeboten.

Öffnungszeiten: Mo–Sa   11:30–1 h

Old Crow Zürich

Schwanengasse 4
8001 Zürich
Tel. +41 (0) 43 233 53 35
www.oldcrow.ch

Das neueste Barprojekt in Zürich ist das Old Crow, das von Markus und Petra Blattner sowie Jvan Paszti geführt wird. In gemütlicher Kaffeehaus-Atmosphäre in der Zürcher Altstadt offerieren die drei Bar-Profis eine große Auswahl an Spirituosen, wobei der Schwerpunkt bei Whisk(e)ys und Bourbon liegt. Nicht verpassen sollte man die Cocktails mit internationalen Zutaten, die die aktuellen Trends der weltweiten Barszene einfangen.

Öffnungszeiten: Mo –Sa   16–0:30 h

Casillo Getränke

Von einem Getränkemarkt erwartet man eine große Auswahl an Mineralwässern, Limonaden, Bieren und vielleicht sogar Weinen. Aber Whisk(e)y? Der Casillo Getränkemarkt belehrt einen hier eines Besseren. Das umfangreiche Whisky-Angebot mit Flaschen aus der ganzen Welt dürfte mengenmäßig so manches spezialisierte Fachgeschäft in den Schatten stellen. Neben den Standards finden sich hier auch viele Einzelfass-Bottlings unabhängiger Abfüller.

Blickensdorf
Alte Kappelerstr. 21
6340 Baar
Tel. +41 (0) 41 766 30 66
www.casillo-getraenke.ch

Öffnungszeiten:
Mo–Fr   8–12 h & 13:30–18:30 h
Sa   8–16 h

Michi's WhiskyWelt

Marktgasse 21
8180 Bülach
Tel. +41 (0) 44 851 06 75
www.whiskywelt.ch

In der Altstadt von Bülach befindet sich das zugehörige Spirituosen-Geschäft zur Bar »Haus zum Highlander« in Niederglatt. Michi's WhiskyWelt wird von Michael Büchler betrieben, der hier eine schöne Auswahl Whiskys mit der exklusiven Range von Blackadder anbietet. Liebhaber von R(h)um, Grappa, schottischen Bieren und Zigarren kommen hier auch auf ihre Kosten.

Öffnungszeiten: Do–Fr   14–18:30 h
Sa   10–16 h

Anne McKenzie's
Whisky Boutique

Jutta Caduff und Urs B. Trachsel führen dieses kleine Whisky-Geschäft mitten im Klosterdorf Einsiedeln. Die beiden Whisky-Freunde haben sich auf schottische Destillate spezialisiert. Auch Haggis und andere schottische Leckereien findet man hier. Im Angebot sind sogar Produkte aus Cashmerewolle, natürlich auch aus Schottland! Jeden Donnerstagabend um 18 h gibt es ein Mini-Tasting im Laden. Interessierte können ohne Voranmeldung für nur CHF 10 am »Tasting am Sächsi« teilnehmen und die vorgestellten Produkte zu einem Sonderpreis erwerben.

Kronenstr. 3
8840 Einsiedeln
Tel. +41 (0) 55 422 16 04
www.annes-whiskyshop.ch

Öffnungszeiten: Mi–Fr   14–18:30 h
                     Sa   11–14 h
oder nach telefonischer Vereinbarung

Schubi Weine AG

Bernstr. 110
6003 Luzern
Tel. +41 (0) 41 250 30 30
www.schubiweine.ch

Bereits seit vier Generationen befindet sich dieses Fachgeschäft in Familienhand. Neben rund 3.500 Sorten Wein werden hier auch etwa 400 Sorten Whisky aus aller Herren Länder angeboten. Es finden sich aber auch Portweine, Champagner, Sherrys, Gins, Grappe, R(h)um und Wodkas in den Regalen. 2014 feierte Schubi Weine übrigens schon sein 105-jähriges Bestehen!

Öffnungszeiten:
Di–Fr   8–12 h & 14–18:30 h
Sa   8–16 h

Smuggler
Whisky, Cigars & More

Pfistergasse 7
6003 Luzern
Tel. +41 (0) 41 240 05 92
www.smuggler.ch

Jaykson Bilbao eröffnete 2007 sein Ladengeschäft und den Online-Shop für Whisk(e)y, R(h)um, Grappa, Tequila und Zigarren im Herzen der schönen Altstadt von Luzern. An einer 16 Meter langen »Whisky-Wall« findet der Genießer über 400 Flaschen Single Malt, Bourbon & Co. Trotz seines jungen Alters hat Jaykson schon zahlreiche Jahre Berufserfahrung und importiert einige Marken exklusiv für den Schweizer Markt.

Öffnungszeiten: Di–Do   12–18:30 h
                 Fr   12–20 h
                 Sa   9:30–16 h

Eddie's Whiskies

In einem sehr schönen Jugendstilgebäude von 1895 befindet sich Eddie's Whisky Shop. Ed Belser gründete 2001 dieses Geschäft und bietet hier eine große Auswahl an Whisk(e)ys aus aller Welt. Ganz nebenbei hat Ed schon zwei historische Romane geschrieben und spielt seit Langem Dudelsack bei den »Pipes and Drums of Zurich«. Er ist außerdem der Gründer der Lakeside Whisky Society.

Dorfgasse 27
8810 Horgen
Tel. +41 (0) 43 244 63 00
www.eddies.ch

Öffnungszeiten: Mi–Fr 12–18 h
Sa 11–16 h

Bettio Comestibles GmbH

Bettio Comestibles ist ein Delikatessenshop im Seedamm-Center in Pfäffikon. Hier gibt es hauptsächlich frisches Gemüse, Käse, Fleisch, Fisch, Brot und Wein. Man findet jedoch auch eine große Auswahl an Whiskys. Als Partner-Unternehmen von Glen Fahrn kann dem Kunden hier Zugriff auf das ganze Sortiment des Mörschwiler Händlers geboten werden.

Seedamm-Center 1
8808 Pfäffikon/SZ
Tel. +41 (0) 55 410 70 40
www.bettio-shop.ch

Öffnungszeiten: Mo–Fr 9–21 h
Sa 8–18 h

Clanach Dubh Nr. 13

Zugerstr. 4
6314 Unterägeri/ZG
Tel. +41 (0) 41 750 77 13
www.clanach-dubh.ch

Seit Weihnachten 2011 gibt es das gemütliche Whisky-Fachgeschäft, das nur rund 500 Meter vom Ägerisee entfernt liegt. Schon seit Eröffnung ist es Vertragspartner von Glen Fahrn, und zwar der 13., was einen Teil des Namens erklärt. Sollten Kundenwünsche also über die örtliche Auswahl hinausgehen, kann per Zugriff auf das große Sortiment des Mörschwiler Haupthauses schnell geholfen werden.

Öffnungszeiten: Di–Fr   11–19 h
                   Sa   10–17 h

Casa La Corona

Brunnenwiesenstr. 4
8610 Uster
Tel. +41 (0) 43 366 56 56
www.lacorona.ch

Über 400 verschiedene Zigarren werden im 210 m² großen Ladengeschäft in Uster angeboten. Dem stehen rund 300 Whisk(e)ys, darunter sehr viele Bourbons, und einige andere Spirituosen gegenüber.

In Rapperswil am Hauptplatz 9 befindet sich ein zweites Geschäft, das jedoch wesentlich kleiner ist und daher auch mit einer geringeren Auswahl auskommt.

Öffnungszeiten: Mo–Sa   11–24 h

Erb Getränkehandel

Der Getränkehandel der Familie Erb entwickelte sich seit 1908 aus einem Bauernhof mit mehreren fahrbaren Brennapparaten, die noch bis ca. 1965 im Einsatz waren. Inzwischen ist der Wandel zu einem spezialisierten Getränkehandel für Weine, Spirituosen und Biere vollzogen. Der Betrieb ist nach wie vor in Familienhand, jetzt schon in der dritten Generation.

Hinterdorfstr. 48
8405 Winterthur
Tel. +41 (0) 52 232 37 05
www.erb-getraenke.ch

Öffnungszeiten:
Mo–Fr   7:30–12 h & 13:15–18:30 h
Sa   7:30–12 h & 13:30–16 h

Scot & Scotch GmbH

Scot & Scotch ist ein kleines, 1995 von Daniel Graf gegründetes Whiskyfachgeschäft in der Zürcher Altstadt zwischen der Bahnhofstrasse und der Limmat. Hier dreht sich alles ausschließlich um Whisky. Und selbst wenn es der Name nicht vermuten lässt, gibt es trotzdem auch Whisk(e)ys aus anderen Teilen der Welt. Insbesondere die Raritäten sind hier einen Blick wert!

Wohllebgasse 7
8001 Zürich
Tel. +41 (0) 211 90 60
www.scotandscotch.ch

Öffnungszeiten:
Do & Fr 10–14:30 h & 15–18:30 h
Sa   12–16 h

Glen Fahrn »the pearl«

Oberdorfstr. 5
8001 Zürich
Tel. +41 (0) 44 520 09 87
www.glenfahrn.com

Im Oktober 2006 wurde diese 100 m² große Glen-Fahrn-Filiale unweit des weltbekannten Grossmünsters in der Altstadt eröffnet. Hier findet man einen Großteil des üblichen Glen-Fahrn-Sortiments, das aus Whisk(e)ys, Premium Spirituosen, Port, Champagner und Schaumweinen besteht. Neben den vielen Whiskyraritäten sind die exklusiven Eigenabfüllungen aus Schottland und die Eigenproduktionen aus der Schweiz interessant.

Öffnungszeiten: Mo–Mi   11–19 h
Do–Fr   11–20 h
Sa   10–17 h

Paul Ullrich AG

Talacker 30
8001 Zürich
Tel. +41 (0) 43 497 33 71
www.ullrich.ch/ullrich/
filiale_talacker.php

Die Filiale des Basler Wein & Spirituosengeschäfts bietet eine sehr große Auswahl an Weinen, Bieren, Spirituosen, alkoholfreien Getränken und viele Whisk(e)ys. Das Angebot ist umfangreich und es stehen auch einige Raritäten in den Regalen.

Öffnungszeiten:
Di–Mi & Fr   9.30–18:30 h
Do   9.30–20 h
Sa   9.30–17 h

Vinothek Santé AG

In der Vinothek Santé spielt zwar der Wein die erste Geige, Whisky-Freunde kommen aber trotzdem auf ihre Kosten. Rund 200 verschiedene Sorten Single Malt und einige andere Premium-Spirituosen sind hier zu finden. Das Familienunternehmen in zweiter Generation legt besonders viel Wert auf gute Beratung.

Birmensdorferstr. 155
8003 Zürich
Tel. +41 (0) 44 450 16 56
www.sante.ch

Öffnungszeiten: Mo–Fr   10–18:30 h
              Sa   10–16 h

Whisky Connection

General-Willestr. 8
8002 Zürich
Tel. +41 (0) 44 557 95 66
www.whiskyconnection.ch

Markus Ramseyer hat sein Hobby und seine Liebe zum schottischen Whisky zum Beruf gemacht. In seinem gemütlichen Fachgeschäft direkt am Züricher See findet man hauptsächlich Whiskys von unabhängigen Abfüllern. Seit einigen Jahren lässt er aber auch selbst gelegentlich ein Einzelfass abfüllen und verkauft die streng limitierten Whiskys im eigenen Shop.

Öffnungszeiten: Di–Fr 12–18:30 h
Sa 12–17 h

Globus Delicatessa im Glattzentrum

8301 Glattzentrum
bei Wallisellen
Tel. +41 (0) 58 578 80 80
www.globus.ch

Im Untergeschoss des Glattzentrums findet man das Globus Delicatessa. Teil des hervorragenden Angebotes der Feinkost-Halle ist eine große Wein- und Spirituosen-Abteilung, die kaum Wünsche offen lässt. In einem eigenen Kabinett stehen Whisky-Raritäten, die jedem Sammler das Herz höher schlagen lassen. Die Mitarbeiter sind gut ausgebildet und stehen beratend zur Seite sofern gewünscht. Auch wenn die Auswahl im Whisky-Bereich am größten ist, steht das Angebot der anderen Spirituosen dem nur wenig nach.

Öffnungszeiten: Mo–Sa 9–20 h

Swissky

Aus gesundheitlichen Gründen zog sich Edi Bieri, einer der ersten Whisky-Produzenten der Schweiz, 2010 aus dem Business zurück und verkaufte seine Brennerei in Baar bei Zug. Er war der Mann hinter der legendären Whisky-Marke Swissky, die in Jim Murrays jährlicher Whisky-Bible immer Traumnoten mit über 90 von 100 Punkten erhielt. Edi Bieri produzierte den Whisky nicht nur für sich, sondern auch für drei weitere beteiligte Brenner-Kollegen. Die absolut gleich aussehenden Flaschen konnten lediglich durch unterschiedliche Adresszeilen auf den Etiketten voneinander unterschieden werden und informierten darüber, wo der Whisky verkauft wurde, entweder bei Edi Bieri selbst, bei Werner Limacher in Hünenberg, bei Hans Erismann in Eschenmosen oder bei Z'Graggen in Lauerz. Die anderen drei Teilhaber sind nach wie vor noch in der Whisky-Produktion tätig, doch die Marke Swissky scheint – genauso wie das Konkurrenzprodukt Swhisky aus dem Wallis – nun der Vergangenheit anzugehören. Somit sind auch endlich die leidigen Streitigkeiten bezüglich der ähnlichen Namensgebung vorbei.

Die restlichen Fässer und Lagerbestände Edi Bieris wurden übrigens an die nahgelegene Brennerei Etter verkauft und bildeten den Grundstock für die heutige Marke »Johnett«. Etter besitzt zwar auch das Recht am Namen »Swissky«, übt es derzeit aber nicht aus.

Ein Ausflug in die internationale Whisky-Welt
Salim's Whisky Spirit

Kempttalstrasse 47
8308 Illnau
Tel. +41 (0) 79 432 82 03
www.whisky-spirit.ch

Der 78-jährige Hans Peter Salim wurde in den 80er Jahren bei einem Tabakhändler auf eine besondere Flasche Single Malt aufmerksam. Diese Begegnung war der Startschuss für eine besondere Sammlung, die heutzutage rund 1.800 Flaschen umfasst. Die teilweise sehr alten Abfüllungen sind in vier verschiedenen Themenräumen zusammengefasst und stehen interessierten Besuchern offen. Hans Peter Salim führte 25 Jahre lang das Restaurant Rössli in Illnau; ein Lokal mit 14 Gault-Millau-Punkten. Seit seiner Pensionierung im Jahr 2006 führt er als ebenso perfekter Gastgeber durch seine einmalige Sammlung und das kleine Whisky-Museum in seinem Haus. Die meisten Exponate und Flaschen hat er von seinen Reisen rund um den Globus selbst mitgebracht.

Die beeindruckende Sammlung bleibt seit einigen Jahren mehr oder weniger

unverändert. Seit Salim zumindest eine
Flasche aus jeder schottischen Brennerei sein Eigen nennt, hat er die Jagd nach
neuen Whisky-Trophäen weitestgehend
aufgegeben. Trotzdem bietet er gelegentlich Sammler-Flaschen aus einem
separaten Fundus zum Verkauf.

Besucher, die bei ihm eine rund 90-mi-
nütige Tour durch sein Haus buchen,
erfahren auf dem kurzweiligen Rundgang viel Wissenswertes über Whisky,
interessante Geschichten über einzelne
Flaschen und wie sie den Weg in Salims
Sammlung fanden.

Führungen: CHF 45
(bis maximal 16 Personen, Dauer
ca. 90 Min., inklusive Verkostung von
3 Whiskys, Canapés auf Anfrage,
Anmeldung notwendig)

WHISKYREGION BERN

Der Kanton Bern ist der zweitgrößte der Schweiz, sowohl flächenmäßig als auch hinsichtlich der Einwohnerzahl, denn hier leben mehr als 1 Million Menschen. Während im Nordwesten vorwiegend Französisch gesprochen wird, sollte sich der Besucher in den anderen Bezirken des Kantons auf einen tief-schweizerischen Dialekt einstellen, den mitunter sogar Landsleute nur schwer verstehen. Die abwechslungsreiche Gegend ist von Feldern und Weiden, großen Seen, Hügellandschaften, blumengeschmückten Bauernhöfen und hochalpinem Gebirge mit ausgedehnten Gletschern geprägt.

So abwechslungsreich wie die Landschaft, so unterschiedlich sind auch die Berner Whisky-Produzenten. Sie liegen im ganzen Kanton verstreut und wir empfehlen eine Besichtigungsroute von Norden über den Nordwesten bis hin zum Südosten, bei der Sie auch die Stadt Bern streifen. Die gesamte Strecke hat eine Länge von rund 215 Kilometern und führt Sie in die Nähe zahlreicher

touristischer Highlights, die zum Ver-
weilen, Übernachten und Genießen ein-
laden.

Zunächst sei Schloss Burgdorf genannt, das rund 30 Kilometer südlich der Langatun-Brennerei liegt. Es thront auf einem Felsen hoch über dem Städtchen gleichen Namens. Die genaue Entstehungsgeschichte ist unbekannt, aber die Übernahme durch das Geschlecht der Zähringer wird bereits für das Jahr 1090 erwähnt. Die Gründung des zugehörigen Ortes im Schatten der Burg erfolgte erst reichlich 100 Jahre später. Bis vor wenigen Jahren befanden sich hier noch das örtliche Gericht und ein Teil des Regionalgefängnisses. Heutzutage beherbergt das ganzjährig geöffnete Schloss ein historisches Museum, ein Völkerkundemuseum und das »Helvetische Goldmuseum«, das eindrucksvoll auf die Goldwäscherei und den Goldbergbau eingeht.

Das Papiliorama in Kerzers, das auf halbem Weg zwischen Neuchâtel und Bern – also rund 8 Kilometer südlich der Brauerei Aare-Bier (Old River Whisky) – liegt, ist ein Schmetterlingsgarten mit einer riesigen, fast 40 Meter überspannenden Glaskuppel, unter der rund 1.000 Tiere 60 verschiedener Arten frei umherfliegen. Im angrenzenden Nocturama werden durch künstliches Licht nachtaktive Tiere aus Südamerika gezeigt. Ein weiterer Teil der Anlage ist das Arthropodarium,

www.papiliorama.ch

in dem Spinnen, Skorpione und andere artverwandte Tiere ihr Zuhause haben. Für die kleinen Besucher wurde ein Streichelzoo mit einheimischen Tieren eingerichtet.

Mitten im Kanton liegt in einer Schlaufe des Flusses Aare die Bundeshauptstadt Bern, die den gleichen Namen wie der Kanton trägt. Die Altstadt ist als Welterbe auf der Liste der UNESCO geführt und ist für so beeindruckende Bauwerke wie den Zytgloggeturm mit einem Uhrwerk von 1530 berühmt, nach dem sich früher alle Schweizer Uhren ausrichten mussten. Wer gut bei Puste ist, sollte den Turm des Münsters besteigen und das herrliche Panorama in 64 m Höhe genießen. Bis vor wenigen Jahren hat hier noch dauerhaft ein Turmwächter gewohnt. Die derzeitige Turmwächterin muss nicht mehr nach Feuer Ausschau halten, sondern kann sich ganz auf die Bedürfnisse von Touristen einstellen.

Hier in der Altstadt findet man auch das Bundeshaus mit dem Sitz der Schweizer Regierung, das außerhalb der parlamentarischen Sitzungen (Sessionen) besichtigt werden kann. Während der Sessionen hat man als Besucher die Möglichkeit, von der Zuschauertribüne aus zuzusehen, wie in der Schweiz Politik gemacht wird. Von der Terrasse des Bundeshauses führt der 1897 installierte Mattelift, ein elektrischer Personen-Aufzug, in den darunter liegenden gleichnamigen Stadtteil (schweizerisch: Quartier). Als Schweizer Besonderheit wird er nach wie vor von einem Schaffner bedient.

Nur durch die Aare-Brücke von der Altstadt getrennt, lebt eine Gruppe Braunbären, das Wappentier von Bern, in einem Freigehege und ist sich rund ums Jahr der Aufmerksamkeit internationaler Touristengruppen sicher.

Im Südosten des Kantons liegen die beiden großen Gewässer Thuner- und Brienzersee, die beide durch die Aare verbunden sind. Genau in der Mitte dieser beiden Seen, die nur wenige Kilometer voneinander trennen, liegt das quirlige Städtchen Interlaken, das zwar weniger als 6.000 Einwohnern zählt, dafür aber rund 60 Hotels hat. Für Schweiz-Touristen ist ein Aufenthalt in dieser Gegend ein Muss, denn Interlaken ist das Tor zu den Hochalpen. In Sichtentfernung – und somit zum Greifen nah – liegt das Dreigestirn Eiger, Mönch und Jungfrau. Die drei berühmtesten Berge des Berner Oberlandes sind alle rund 4.000 Meter hoch oder sogar noch etwas höher und Teil des 824 km² großen Gebietes »Alpen-Jungfrau-Aletsch«, das seit Dezember 2001 zum UNESCO Welterbe gehört und Gebiete in mehreren Kantonen umfasst.

Wer den hochalpinen Herzschlag spüren möchte, darf sich eine Fahrt mit der weltberühmten Jungfrau-Bahn nicht entgehen lassen. Genau 137 Minuten dauert es von Interlaken aus, mit der Jungfrau-Bahn ins ewige Eis und zu Europas höchstgelegenem Bahnhof in 3.454 m Höhe zu gelangen.

Die letzte Teilstrecke ist eine nur 9,3 km lange Zahnradbahn, die in einem in den Fels gehauenen Tunnel im Inneren der Eiger-Nordwand rund 1.400 Höhenmeter überwindet. Sie führt von der Kleinen Scheidegg bei Grindelwald bis ins ewige Eis in 3.454 m Höhe. Der Baubeginn dieser technischen Meisterleistung war im Jahre 1896. Nur 16 Jahre später wurde die Bahn am Nationalfeiertag, dem 1. August 1912, eingeweiht und verzeichnet seit ihrer Eröffnung vor mehr als einem Jahrhundert stetig steigende Passagierzahlen. Auf der höchstgelegenen Bahnstation Europas (»Top of Europe«) bleiben keine touristischen Wünsche offen. Den Bahnreisenden erwartet neben mehreren gastronomischen Betrieben das höchstgelegene Postamt Europas, das sogar eine eigene Postleitzahl hat. Im Gipfelshop gibt es ein breites Angebot, das vom Kugelschreiber über die aktuellste Outdoor-Mode bis zum Whisky und brillantbesetzten Schweizer Uhren reicht. Das Highlight ist aber die grandiose Rundumsicht, die mitunter von den Vogesen bis in den Schwarzwald reicht, sowie der direkte Blick auf den Aletschgletscher, der mit einer Ausdehnung von 23 Kilometern der längste der Alpen ist. Die glitzernde Welt des ewigen Eises kann man auf verschiedenen Plattformen und Wegen erkunden und es werden auch Hubschrauber-Rundflüge angeboten. Im Sommer ist hier sogar ein kleiner Skilift in Betrieb. Im Inneren des Jungfraujochs befindet sich der mehr als 1.000 m² große begehbare »Eispalast« mit blank polierten Gängen und Gewölben im ewigen Eis. Hier stehen filigrane Eisfiguren, die regelmäßig erneuert werden müssen. Ein anlässlich des hundertjährigen Jubiläums neu erschaffener Rundweg in Fels und Eis überrascht den Besucher mit extravaganten Lichteffekten und einer umfangreichen Ausstellung zum Bau der Jungfraubahn. In einer der zahlreichen abgeschlossenen Eishöhlen liegen hier auch die mit Whisky gefüllten Fässer der Rugen-Distillery, die jedoch nicht öffentlich zugänglich sind. Mit einem 111 m langen Lift kann man in die »Sphinx« fahren, ein Observatoriums-Gebäude, in dem Besucher eine große Aussichtsplattform nutzen können. Die weitverzweigten Wege auf dem Dach Europas lassen den Anschein einer kleinen Stadt entstehen und überraschen den Besucher immer wieder aufs Neue mit weiten Ausblicken und unvergesslichen Eindrücken.

Rund 18 km von Interlaken entfernt befindet sich am Nordufer des Brienzer Sees die Talstation der Brienz-Rothorn-Bahn, die man als Whisky-Liebhaber nicht verpassen sollte. Auf dem Brienzer See kann man außerdem schöne Schiffstouren unternehmen, genauso wie auf dem nahe gelegenen Thuner See. Weitere 4 km auf der Brünig-Passstraße liegt das Freilichtmuseum Ballenberg. Das 66 Hektar große Areal beherbergt über 100 originale Gebäude aus der ganzen Schweiz, die nicht einfach nur nachgebaut, sondern an ihren ursprünglichen Standorten in ihre Einzelteile zerlegt und im Museum Stück für Stück wieder aufgebaut wurden. Den historisch wertvollen Häusern wird durch rund 200 Mitarbeiter Leben eingehaucht, die den Besuchern fast vergessene Handwerke in mehr als 30 Berufen näherbringen und sich um circa 250 Bauernhofnutztiere alter, fast ausgestorbener Rassen kümmern. Hier findet man nach historischen Vorbildern angelegte Bauerngärten, Weinberge, Äcker und Weiden. Das von April bis Oktober geöffnete Freilichtmuseum wurde 1978 eröffnet, es begrüßt jährlich rund 250.000 Besucher vieler Nationalitäten und wird kontinuierlich ausgebaut.

www.ballenberg.ch

Kupferschmiede Steck

Die meisten Brennanlagen, die in der Schweiz im Einsatz sind, stammen aus deutschen Kupferschmieden von den Firmen Holstein, Carl, Kothe, Müller und noch ein, zwei anderen, die alle im süddeutschen Raum angesiedelt sind. Das fast gänzliche Fehlen Schweizer Anlagen hat nichts mit mangelndem Nationalstolz zu tun, sondern ist vielmehr dem Umstand geschuldet, dass es bis vor wenigen Jahren bei den Eidgenossen gar keine Betriebe gab, die sich auf die Herstellung von Brenntechnik spezialisiert haben. Seitdem es keine eigenständige Ausbildung zum Kupferschmied in der Schweiz mehr gibt, scheint das Interesse an diesem Beruf stark nachzulassen. Auszubildende müssen heute Anlagenbauer lernen, um in einem Teilbereich ihrer Lehre etwas über die Verarbeitung von Kupfer zu erfahren.

Die Brüder Markus und Alexander Steck sind vermutlich die beiden letzten, regulär ausgebildeten Kupferschmiede der Schweiz. Ihre eigene Werkstatt wurde 1999 in Münsingen gegründet und anfangs alleine von Markus Steck geführt. Seit 2011 befindet sich die Werkstatt in Signau im Emmental.

Da es kaum Werkzeuge für die Arbeit in Kupferschmieden gibt, hat Markus Steck diese anfangs für jeden Auftrag selbst hergestellt. Heute verfügen beide über

Dorfstr. 182
3534 Signau BE
Tel. +41 (0) 31 721 16 56

gut ausgestattete Werkplätze mit den verschiedensten Maschinen.

Führungen:
ab CHF 250 Gruppenpauschale
(für 5 bis 15 Personen, Dauer ca. 90 Min.,
Anmeldung notwendig)
Gegen einen kleinen Aufpreis kann man sich selber an einem Stückchen Kupfer versuchen.
Eine frühzeitige Anmeldung ist empfohlen, wenn man sehen möchte, wie an einer Brennblase gearbeitet wird. Es werden leider nicht permanent solche Aufträge bearbeitet.

Brienz-Rothorn-Bahn

Hauptstr. 149
3855 Brienz
Tel. +41 (0) 33 952 22 22
www.brienz-rothorn-
bahn.ch

Theoretisch hat die Brienz-Rothorn-Bahn nichts mit Whisky zu tun, solange man davon absieht, dass sich die Betreiber vor einigen Jahren einen Whisky für einen besonderen Anlass herstellen ließen.

Grund dafür war der Umbau eines historischen Wagens mit der anschließenden Wiederinbetriebnahme.

Das leuchtend rote, offene Schienenfahrzeug mit der Betriebsnummer B27 wurde im August 1971 bei einem Fönsturm von den Gleisen geblasen. In den Jahren 2008 bis 2010 wurde es liebevoll restauriert, in »Salon Rouge« umbenannt und am 14. April 2010 mit einem Festakt wieder in den Dienst genommen. Zur Einweihung wollte man etwas ganz Besonderes anbieten und kam auf die Idee eines rauchigen Whiskys. Mit Rugenbräu im nahe gelegenen Matten bei Interlaken fand man einen geeigneten Partner, der eine rauchige Würze herstellte und diese bei der Spezialitätenbrennerei Zürcher in Port brennen ließ. Danach lagerte das frische Destillat für etwas mehr als 3 Jahre in einem Ex-Sherry-Fass im Felsenkeller der Brauerei am Fuße des Rugen Stocks.

Den »B27« genannten Single Malt Whisky kann man nach wie vor noch im Bergrestaurant auf dem Brienzer Rothorn bestellen und Flaschen im bahneigenen Shop erstehen. Die vermutlich aber schönste Form, diesen Whisky zu genießen, ist auf einer der wenigen, öffentlichen Fahrten des 32-sitzigen Wagens B27 »Salon Rouge«, bei denen dem Gast Dampf-, Geschichts- und Kulinarikerlebnisse offeriert werden. Wer zeitig genug bucht und sich für solch eine Fahrt einen

Platz sichern kann, darf sich auch auf hochprozentige Genüsse während der Fahrt freuen. Gruppen können den Wagen natürlich auch für Extra-Fahrten buchen.

Bahnromantiker kommen auch bei vielen anderen Angeboten der Brienz-Rothorn-Bahn auf ihre Kosten, z.B. bei den Betriebsbesichtigungen, die in verschiedenen Sprachen angeboten werden und einen Einblick in die Werkstatt und den insgesamt sehr aufwendigen Ablauf eines Dampfbahnbetriebes erlauben.

Ein Höhepunkt für Dampfbahnfreunde ist die Führerstandsfahrt. Man erlebt einen halben Tag lang die Betriebsvorbereitungen und erfährt vieles zum Thema Sicherheit, Technik und Geschichte. Danach folgt die einstündige Fahrt im Führerstand. Auf Wunsch gerne mit anschließendem B27-Whisky!

Fahrzeiten der Brienz Rothorn Bahn:
Anfang Juni bis Ende Okt.

Betriebsbesichtigung:
CHF 150 pauschal
(bis maximal 25 Personen, Dauer ca.
1 Std., Anmeldung notwendig)

Führerstandsfahrt: CHF 349 p.P.
(Anmeldung mind. 4 Tage im Voraus
notwendig)

Öffentliche Fahrten des Salon Rouge:
Termine und Anmeldung entnehmen Sie
bitte der Website www.salon-rouge.ch

Viele weitere Ideen finden Sie auf der
Homepage der Brienz Rothorn Bahn

DESTILLERIEN

Langatun

Eyhalde 10
4912 Aarwangen
Tel. +41 (0) 79 336 00 17
www.langatun.ch

Der Whisky, der unter der Regie von Hans Baumberger entsteht, hat seit seinen Anfangstagen 2005 schon eine wechselvolle Geschichte hinter sich. Zunächst hieß er »The Olde Deer« und entstand unter dem Dach der Brau AG, die für die Geschicke der Hasli Bräu verantwortlich ist. Die Brauerei im Zentrum Langenthals und die Familie der Baumbergers haben schon eine lange, gemeinsame Geschichte, die 1860 begann, als Jakob Baumberger, der Urgroßvater von Hans, einst die Brauerei übernommen hatte. 2007 erfolgte eine formale Trennung von Bier und Whisky. Die Firma, die nun Whisky, Rum und Obstbrände herstellte, hieß fortan Destillatia AG. Einem Publikumswettbewerb, der 2011 ausgelobt wurde, ist der aktuelle Name des Whiskys und der Firma zu verdanken. Das aus dem Keltischen stammende Wort »Langatun« bezeichnet den Herstellungsort, nämlich Langenthal im schönen Oberaargau. Der kürzlich erfolgte Umzug der Brennanlage in ein denkmalgeschütztes, ehemaliges Kornhaus im vier Kilometer entfernten Aarwangen führt hoffentlich nicht zu einer weiteren Namensänderung.

Das rund 400 Jahre alte Gebäude gegenüber des Aarwangener Schlosses, das jetzt »The Whisky House« heißt, ist eine geschmackvolle, neue Heimat für den Langatun. Auf 1.300 m² Fläche, verteilt auf insgesamt vier Geschosse, gibt es genügend Platz für Führungen, Verkostungen, ein Whisky-Kino, eine kleine Ausstellung und einen brennereieigenen Shop. Neben der bisherigen Brennanlage, die von Langenthal nach Aarwangen transportiert wurde, blitzt und funkelt eine ganz neue, kleinere Versuchsanlage, mit der nun auch Brennseminare für Teilnehmer ermöglicht werden, die bei der Produktion selbst mit Hand anlegen möchten.

Die Würze wird nach wie vor von der Hasli Bräu in Langenthal mit der hochprofessionellen Läuter-Technik einer erfahrenen Brauerei hergestellt. Auch die Lagerfässer, von denen viele aus Schweizer Eiche sind, bleiben am bisherigen Standort im Herzen von Langenthal.

In Aarwangen werden derzeit verschiedene Whiskys hergestellt, darunter der Klassiker »Olde Deer Single Malt« aus Gerstenmalz, der rauchige »Old Bear Single Malt« aus Rauchmalz, »Old Wookpacker« – ein Bio-Single-Malt und »Old Mustang« und »Old Eagle« – die beiden Bourbon- und Roggen-Whiskeys. Daneben gibt's noch den Vodka »Perestroika« und außerdem wird auf Grundlage des Olde Deer noch der Whisky-Honig-Likör »Gold Bee« gefertigt.

Führungen: CHF 20
(Rundgang durchs Whisky House mit Tasting, Dauer ca. 90 Min.)
ab 10 Teilnehmern   CHF 15

Whisky-Seminar: ab CHF 25
(Inhalte nach Absprache)

Whisky-Brenn-Seminar mit Verkostung:
                    CHF 85
(Dauer ca. 4 Std., incl. einer Flasche Langatun 0,5 l)

Alle Führungen und Seminare ab mindestens 6 Personen und auf vorherige Anmeldung.

Bitte erfragen Sie mögliche Termine für Einzelreisende per Telefon oder informieren Sie sich auf der Website.

Öffnungszeiten:
Donnerstagnachmittag, Freitagmorgen, Samstagmorgen

Brennerei Schwab
Bucheggberger

Am Ortsrand von Oberwil liegt der Familienbetrieb der Schwabs und ist von außen meist nur an den blauen Gärbehältern zu erkennen. Die Brennerei besteht schon seit fast 100 Jahren, doch während Alfred Schwab heutzutage über eine moderne Anlage von der Münsinger Kupferschmiede Gebr. Steck verfügt, sind seine Vorfahren noch mühsam mit einer Störbrennerei – einer mobilen Brennanlage, die von Pferden gezogen wurde – von Bauernhof zu Bauernhof gefahren, um die Maischen ihrer Kunden vor Ort zu brennen.

Das Angebot der Oberwiler Brennerei umfasst rund 30 verschiedene Produkte, von Likören über Obstbrände und Absinth bis hin zum Whisky, trotzdem werden rund 80 % der Einkünfte nach wie vor mit der Lohnbrennerei erzielt. In den Monaten nach der jährlichen Ernte geht es entsprechend geschäftig zu.

Für den Whisky hat er normalerweise erst in den Wintermonaten Zeit. Dann bekommt Alfred Schwab von der Burgdorfer Gasthaus Brauerei eine Gerstenmalz-Maische geliefert, die er in seinem Betrieb vergärt und destilliert. Ein Teil des Destillates erhält die Brauerei als Lohnbrand zurück, der andere Teil bleibt in der Brennerei und wird hier zum Bucheggberger Whisky gereift. Der erste

Biezwilstr. 17a
3298 Oberwil bei Büren
Tel. +41 (0) 32 351 36 67
www.brennereischwab.ch

»Buechibärger«, wie der Whisky im hiesigen Dialekt bezeichnet wird, wurde schon 1999 in die Fässer gefüllt. Als Fünfjähriger kam der Single Malt Whisky 2004 auf den Markt. Ihm folgten seitdem jährlich mindestens eine weitere Einzelfass-Abfüllung. Alle Flaschen sind mit Angabe der Fass-Nummer und der Destillationsdaten auf dem Rückenetikett versehen. 2014 kam der erste Whisky auf den Markt, der gänzlich aus schottischem Rauchmalz hergestellt wurde.

Alfred Schwab brennt aber nicht nur für sich und die Burgdorfer Gasthaus Brauerei, auch der 2006 hergestellte Whisky für das Berner Tram Depot geht auf sein Konto.

Brennerei-Führungen mit Verkostung von Edelbränden und Whisky finden auf Anfrage statt.

Öffnungszeiten:

Mo, Di, Do & Fr	8–12 h & 13–18:30 h
Mi	geschlossen
Sa	8–12 h & 13–16 h

Spezialitätenbrennerei Zürcher Single Lowland Whisky

Mit der Übernahme des Familienbetriebes durch Daniel und Ursula Zürcher im Jahr 2004 kam frischer Wind in die Brennerei in Port nahe des Bieler Sees. Seitdem hat sich der Bekanntheitsgrad des Betriebes wesentlich gesteigert. Trotzdem wäre es unfair, diesen Erfolg nur der nachrückenden Generation zuzuschreiben, denn Heinz Zürcher, der Onkel des derzeitigen Besitzers, hat in den vorherigen 35 Jahren, in denen er für die Geschicke der Brennerei zuständig war, die hohe Qualität und den guten Ruf der Produkte aufgebaut. Er war auch der Motor hinter dem Single Lakeland Whisky, der heute eines der Zugpferde der Brennerei ist.

Auslöser für die Herstellung des Whiskys war die gute Beziehung zur Rugenbräu AG im rund 90 km entfernten Interlaken. So entstand eine Verbindung zwischen einer Brauerei und einer Brennerei, deren es in der Schweiz einige gute Beispiele gibt. Seit dem Jahr 2000 wurde also regelmäßig eine vergorene Würze von Interlaken nach Port gebracht, dann von Heinz Zürcher destilliert und jährlich ein 500 Liter großes Ex-Sherry-Fass mit frischem Destillat gefüllt.

Angestachelt von den guten Ergebnissen wollten auch die Betreiber der Rugenbräu einen eigenen Whisky haben.

Nägeligässli 7
2562 Port
Tel +41 (0) 32 331 85 83
www.lakeland-whisky.ch

Die Menge der Kühltransporte, die mit schwach-alkoholischer Würze gefüllt von Interlaken nach Port fuhren, häufte sich also zunehmend. Nach der Destillation ging es dann wieder zurück nach Interlaken.

Inzwischen sind die Transporte wieder seltener geworden, denn die Rugenbräu verfügt seit 2010 über eine eigene Destillationsanlage und es wird nur noch die Maische für den Zürcher-eigenen Whisky Single Lakeland transportiert.

Seit 2006 werden jährlich mehrere Fässer befüllt, von denen ein Großteil nach der gesetzlich vorgeschriebenen Mindestlagerzeit von drei Jahren abgefüllt wird, während die anderen Whiskys noch länger reifen dürfen.

2014 zum zehnjährigen Jubiläum der Brennerei unter Führung von Daniel und Ursula Zürcher gab es erstmals einen achtjährigen Single Lakeland Whisky.

Seitdem die Lohnbrennerei für die Rugenbräu wegfällt, hat Daniel Zürcher auch wieder etwas mehr Zeit für die anderen Leckereien, die es im brennerei-eigenen Laden zu kaufen gibt. Das sind gute Voraussetzungen für einen, er zum »Brenner des Jahres 2013/2014« ernannt wurde.

Führungen: CHF 15–40
(Führungen und Degustationen für
Gruppen von 10 bis 20 Personen; auf
Anfrage; Preis abhängig von begleiten-
den Snacks)
Anfang April bis Ende Nov.

Treberwurst-Essen:
(im Brennhafen zubereitet, für Gruppen
auf Anfrage)
Jan–März

Öffnungszeiten:

Mo	geschlossen
Di–Fr	8–12 h & 14–18:30 h
Sa	8–16 h

Old River

Nur etwa 20 Kilometer Luftlinie von
Bern entfernt, lieg das kleine Bargen (im
Kanton Bern) unweit vom Bielersee und
ist gut mit der Bahn zu erreichen. Die
kleine Station auf der Linie Lyss-Kerzers
befindet sich nur rund 500 Meter von der
Brauerei entfernt.

Die im August 2006 gegründete Brauerei
Aare Bier braut nicht nur drei verschiedene Biere, sondern seit 2008 auch die
Würze für den Old River Whisky und den
gleichnamigen Whisky Likör. In der Erleb-
nisbrennerei Matter-Luginbühl in Kall-
nach, die international für ihre Absinthe
berühmt ist, wird die Würze anschließend gebrannt und das frische Destillat

Neuenburgstr. 42H
3282 Bargen BE
Tel. +41 (0) 32 391 00 22
www.aarebier.ch

zum Lagern dann wieder in den schönen Whisky-Keller der Brauerei zurückgebracht. Zur Reifung werden Fässer aus schweizerischer Eiche sowie ehemalige Amarone-Wein-Fässer aus Italien verwendet. Derzeit gibt es drei verschiedene Sorten, die sich aufgrund der Reifefässer und der Alkoholstärke unterscheiden.

Zum Brennen setzt Oliver Matter außergewöhnlich geformte Brennblasen ein. Leider weiß man nichts Genaues über die Herkunft der Anlagen, weder wer sie hergestellt hat, noch wofür sie früher verwendet wurden. Die einzig verbriefte Information ist, dass sie ursprünglich aus dem Kanton Basel Land stammen. Die im Wasserbad beheizten Brennkessel werden heute durch die Firma Steck gewartet, die davon ausgeht, dass die kupfernen Häfen vermutlich in den 1920ern entstanden.

Führungen: CHF 15
Fr   16:30 h
(Anmeldung notwendig, Gruppengrößen von 8 bis 20 Personen, Dauer ca. 45 Min. Anschließend werden 2 Biere verkostet. Auf Wunsch kann diese Führung auch auf Whisky spezialisiert werden.)

Direktverkauf ab Brauerei:
Fr   15–18 h

Rugen Distillery
Swiss Highland Malt

Rugenbräu AG
Wagnerenstr. 40
3800 Interlaken
Tel. +41 (0) 33 826 46 48
www.rugenbraeu.ch

Bereits 1866 nahm die Geschichte der Rugenbräu in Interlaken ihren Anfang. Seit 1892 bis zum heutigen Tag ist sie im Besitz der Familie Hofweber und wird derzeit von Bruno Hofweber geleitet.

Kurz nach der Gesetzesänderung in der Schweiz veröffentlichte die Brauerei einen ersten Bierbrand, den sie von der Brennerei Zürcher in Port brennen ließ. Im nächsten Jahr wurde mit demselben Partner eine erste Würze destilliert. Seit 2008 gibt es regelmäßig neue Abfüllungen der Rugenbräu, die entweder unter der Bezeichnung Swiss Highland Malt Classic mit 46% Vol. oder Swiss Highland Malt Ice Label in Fassstärke in die Flasche kommen. Der hohe Alkoholgehalt ist aber nicht das einzig Besondere dieser limitierten Serie, denn für jeden Ice-Label gilt, dass der Whisky für mindestens ein Jahr in einer Eishöhle bei konstanten minus 4 °C in 3.454 m Höhe auf dem Jungfraujoch reift. Die verbleibende Zeit lagert der Whisky gemeinsam mit allen anderen in den tiefen Felsenkellern direkt unter der Brauerei. Sowohl in der Eishöhle als auch in den Felsenkellern sind die bevorzugten Fässer der Wahl ehemalige 500 Liter fassende Oloroso-Sherry-Fässer, die frisch aus Spanien importiert werden.

Zum hundertjährigen Jubiläum der
Jungfrau-Bahn wurde 2012 eine spezielle
Abfüllung auf den Markt gebracht, die –
entsprechend dem Anlass – »Century«
genannt wurde. Vergleichbar dem Ice-
Label erhielt der rund fünfjährige Whisky
ein Finish in der Eisgrotte. Der auf 1.291
(1291 – Gründungsjahr der Schweiz) Flaschen limitierte Whisky wird mit einer
einzeln nummerierten Holzkiste geliefert, die aus ehemaligen Dauben der
zur Reifung verwendeten Sherry-Fässer
stammt, und der Verpackung wurde außerdem ein kleines Ledersäckchen bei-
gelegt, das einen originalen Stein vom
Aushub des Eisenbahntunnels enthält,
der vor mehr als einhundert Jahren mitten durch den Fels der Eiger-Nordwand
gegraben wurde.

All diese Whiskys wurden bis 2010 von
der Brennerei Zürcher in Port destilliert.

Der große Erfolg der Serien ließ aber absehen, dass diese Form der Lohnbrennerei dauerhaft ineffektiv sein dürfte. Auf dem Dach des 2005 eröffneten, fast gänzlich gläsernen Sudhauses wurde deshalb Ende 2010 ein weiteres, rundum verglastes Stockwerk aufgesetzt, das seitdem eine 1.000 Liter fassende Pot-Still- und eine 100 Liter fassende Experimentier-Brennblase der Firma Carl enthält. Philip Adler, der bisherige Produktionsleiter der Brauerei, wurde kurzerhand vom Braumeister zum Master-Distiller befördert und kümmert sich seitdem um die größte Whisky-Brennerei der Schweiz.

Führung:
Pauschal für 10 Personen CHF 200,
jede weitere Person CHF 15
(Führung durch Brauerei und Distillery
Dauer ca. 2 Std., für Gruppen bis
maximal 35 Personen, Anmeldung
notwendig)

Öffnungszeiten:
Di–Sa   8–12 h & 13–17 h

BARS

Brauerei Restaurant
Altes Tramdepot

Das Restaurant mit Biergarten, das sich unmittelbar oberhalb des Bären-Geheges befindet, bietet einen guten Ausblick auf die Berner Altstadt. Das historische Gebäude diente in früheren Tagen als Lager der Berner Straßenbahnen, was an der Architektur heute noch gut ersichtlich ist. Im Gastraum glänzt die kupferne Sudpfanne, in der eigene Bierspezialitäten hergestellt werden. Gelegentliche Whisky-Verkostungen ergänzen die umfangreiche Bar mit eigenem »Tram Depot Whisky«.

Grosser Muristalden 6
3006 Bern
Tel. +41 (0) 31 368 14 15
www.altestramdepot.ch

Öffnungszeiten:

Sommer:	tgl.	10–0:30 h
Winter:	Mo–Fr	11–0:30 h
	Sa & So	10–23:30 h

Selfness Hotel Eiger

Dorfstr. 133
3818 Grindelwald
Tel. +41 (0) 33 854 31 31
www.eiger-grindelwald.ch

In der Hotelbar im »Swiss Country Lifestyle Look« werden normalerweise »kuh'le« Drinks angeboten. Aber auch die Auswahl an Whiskys lässt wenig Wünsche offen. Die umfangreiche, aber mit sehr vielen Details gestaltete Whisky-Menü-Karte zeigt, dass der Schwerpunkt beim Schottischen Wasser des Lebens liegt. Hier gibt es aber auch Schweizer Whiskys! Jeden Sonntagabend findet eine »Whisky Cigare Night« statt!

Öffnungszeiten:
Sommer: tgl.   ab 17 h
Winter: tgl.   ab 16 h

Victoria Jungfrau

Ein exklusiveres Ambiente als das der Intermezzo Bar im weltbekannten Grand
Hotel Victoria Jungfrau kann man sich
kaum für den Whisky-Genuss vorstel-
len. Hier liegt der Schwerpunkt auf den
Schweizer Whiskys! Man kann sich sogar, wie in vielen japanischen Bars üblich, eine Flasche kaufen, die dann mit
Namensschild versehen in einem eigenen Safe bis zum nächsten Besuch auf-
gehoben wird.

Die kleinen warmen und kalten Gerichte, die hier in der Bar angeboten werden,
passen zum Ambiente und sind sterne-
verdächtig.

Öffnungszeiten: Fr & Sa ab 17 h

Intermezzo Bar
Höheweg 41
3800 Interlaken
Tel. +41 (0) 33 828 28 28
www.victoria-jungfrau.ch

SHOPS

Tabak Gourmet & Spirituosen

Waaghausgasse 5
3011 Bern
Tel. +41 (0) 31 311 57 53
www.tabak-gourmet.ch

500 m vom Bahnhof Bern entfernt befindet sich seit 1995 das von Peter Hadorn geführte Geschäft namens »Tabak Gourmet & Spirituosen«. 2007 wurde das Geschäft erweitert, seitdem findet man neben vielen Zigarren, Pfeifen und Zubehör nun auch eine große Auswahl an Whiskys, Rum und anderen Spirituosen.

Öffnungszeiten:

Mo	9:30–18:30 h
Di–Mi & Fr	9–18:30 h
Do	9–20 h
Sa	9–16:30 h

La Table de Urs Hauri

Über 400 Flaschen, vorwiegend Whisk(e)ys aus Schottland, Irland und der Schweiz, stehen in den Regalen des Shops, der eigentlich viel mehr als ein Shop ist. Es handelt sich dabei eher um ein Restaurant, in dem von Dienstag bis Freitag nur mittags frisch und exquisit gekocht wird. Wer außerhalb der Mittagszeit vorbeikommt, sollte vorher kurz telefonisch anfragen, ob geöffnet ist.

Zeughaus-Passage 19
3011 Bern
Tel. +41 (0) 31 311 14 13
www.urshauri.ch

Monnier Trading AG

Den elterlichen Getränkemarkt verwandelten die Brüder Martin und Stefan Monnier seit 2000 in eines der führenden Fachgeschäfte für Whisk(e)y in der Schweiz. Allein über 3.000 Whisky-Raritäten sind vor Ort oder per Online-Shop erhältlich, dazu noch die ganze Range der Whisky-Standard-Abfüllungen, Grappe, Rum und andere Spirituosen. Inzwischen haben die Brüder auch mehrere exklusive Whisky-Importe und helfen mit, das jährliche Whisky-Schiff in Zürich auszurichten.

Büetigenstr. 30
2557 Studen
Tel. +41 (0) 32 373 43 53
www.whiskytime.ch

Öffnungszeiten:
Mo   14–18:30 h
Di–Fr   10–11:45 h & 14–18:30 h
Sa   9–16 h

L. van der Heijden
Wein & Spirituosen AG

Freienhofgasse 5
3600 Thun
Tel. +41 (0) 33 222 00 50
www.vanderheijden.ch

Mitten in der Thuner Altstadt auf einer Insel, die von der Aare umflossen wird, führen Marc van der Heijden und John Häseli eines der größten Spirituosengeschäfte der Schweiz, wenn nicht sogar DAS größte. Rund 1.200 Whiskys stehen hier in den Regalen, daneben Hunderte von Flaschen, die mit Grappa, R(h)um, Cognac, Likör, Bier und anderen flüssigen Leckereien gefüllt sind. Die beiden Besitzer werden von einem kompetenten Team bei der Beratung der Kunden unterstützt. Regelmäßig finden Seminare und Verkostungen in kleinen Gruppen statt.

Öffnungszeiten:

Mo	13–18:30 h
Di–Mi & Fr	9–12:15 h &
	12:45–18:30 h
Do	9–12:15 h & 12:45–21 h
Sa	9–17 h

184

DEUTSCHLAND

FRANK-
REICH

Basel

● Our Beer

Rhein

★ Whisky Castle

BASEL-
LAND

★ Weidhöfler

● Aarau

AARGAU

JURA

SOLOTHURN

★ Lüthy

Aare

LUZERN

0 km   20

Luzern ●

REGION NORDWEST

Die meisten deutschen Besucher, die die Schweiz bereisen, fahren mit dem Auto auf der A5 gen Süden und überqueren die Grenze zwischen Weil am Rhein auf deutscher und Basel auf schweizerischer Seite. Die Ernüchterung aufgrund des ersten Eindrucks ist dann meist groß, denn statt durch unberührte Landschaften mit guter Luft, majestätischen Bergen und fotogenen Bauernhöfen fährt man zunächst durch ein wenig ansprechendes Industriegebiet, das zum Basler Binnenhafen des Rheins gehört. Insbesondere die Ausdehnungen der Pharma- und Chemie-Industrie sind hier erkennbar. Der große Vorteil dieser Betriebe liegt an der unmittelbaren Nähe zu Deutschland und Frankreich und an den vielen Mitarbeitern, die bereit sind, täglich Ländergrenzen zu überwinden.

In die ersten Kilometer auf Schweizer Grund sollte man also nicht zu hohe Erwartungen legen. Trotzdem ist Basel einen Besuch wert! Ein Spaziergang am Rhein, der hier eine beträchtliche

Fließgeschwindigkeit hat, oder ein Apéro (ein kleiner Drink mit Fingerfood in angenehmer Gesellschaft) in der sehenswerten Altstadt lassen einen den enttäuschenden ersten Eindruck schnell vergessen.

Im Juli eines jeden Jahres findet in Basel ein großes Tattoo statt, das dem Royal Military Tattoo in Edinburgh sehr ähnlich ist und jeweils rund 120.000 Besucher anzieht. Es ist damit die zweitgrößte Veranstaltung dieser Art, die es weltweit gibt, und eine echte Herausforderung für Basel, das selbst nur knapp 175.000 Bewohner hat.

Basel ist auch Austragungsort für die größte Fasnachts-Veranstaltung der Schweiz. Es handelt sich dabei um eine Alemannische »Buure«-Fasnacht, bei der die Feiernden maskiert und somit nicht individuell erkennbar sind. Die Veranstaltung beginnt am Montag nach (!) Aschermittwoch um 4 h morgens in der völlig abgedunkelten Stadt mit dem »Morgestraich« und dauert bis zum »Ändstraich« am Donnerstag früh um 4 h. In diesen 72 Stunden ziehen 18.000 Aktive, darunter viele »Drummler« (Trommler) und »Pfyffer« (Pfeiffer) durch die Stadt und die Guggemusiker haben ihren großen Auftritt in den Gassen und Lokalen. Die einzige, existierende protestantische Fasnacht ist keine ausgelassene Party wie in manchen deutschen Karnevals-Hochburgen, bei denen die Besucher bunte Kostüme tragen und hochprozentig am Straßenrand feiern. Bei den »drey scheenste Dääg« beobachten Besucher das Geschehen eher passiv und feiern dafür – unkostümiert – in den Tag und Nacht geöffneten Kneipen und Bars.

www.augustaraurica.ch

Im völligen Gegensatz zur industriell geprägten Stadt Basel hat man im Kanton Basel Land öfter das Gefühl, die Zeit sei stehen geblieben. Dieser Eindruck manifestiert sich insbesondere in den Ruinen der Römerstadt Augusta Raurica in Augst. Hier lebten einst 15 bis 20 Tausend Menschen und hinterließen Theater, Tempel, Amphitheater, eine Basilica und eine Ziegelei sowie viele weitere Gebäude, die das Leben zu Zeiten der Cäsaren eindrücklich aufzeigen. Besucher können neben dem Museum und dem Römerhaus auch Workshops besuchen, bei denen man Einblicke in die antike Parfümherstellung, Brotbacken wie zu Römerzeiten und viele andere Tätigkeiten erhält.

Ein gutes Bild vergangener Zeiten bieten auch die reich geschmückten, traditionellen Bauernhäuser mit den umgebenden Kirschbäumen in sanft hügeliger Landschaft. Außerdem gibt es hier im grenznahen Gebiet rund 40 Burgen und Schlösser. Die Vergangenheit begleitet einen also auf Schritt und Tritt, obwohl die Moderne in Form von exzellenten und vielfältigen Verkehrsanbindungen ein wichtiges Wörtchen mitzureden hat.

Ein Stückchen weiter in Richtung Inner-
schweiz passiert man den Kanton Aargau,
einen der fruchtbarsten Kantone der
Schweiz. Die drei große Flüsse Rhein, Aare
und Reuss sind schon seit Urzeiten die Le-
bensadern dieses Gebietes, dessen heuti-
ges Bild aber auch durch zahlreiche Tech-
nologie-Firmen und durch drei der fünf
Kernkraftwerke der Schweiz geprägt wird.

In Sichtweite der Autobahn, die von
Basel nach Zürich führt, befindet sich
auf einem rund 500 Meter hohen Hügel-
kamm eine der bekanntesten Burgen
der Schweiz, die um 1030 gegründete
Habsburg. Obwohl die Burg namensge-
bend für eines der berühmtesten Herr-
scher-Geschlechter Europas war, lebte
die Familie der Habsburger nur rund 200
Jahre auf dieser Burg. Sie ist von Mai bis
Oktober geöffnet. Sowohl die Burg als
auch eine Ausstellung zur Siedlungsge-
schichte im Bereich der Burg können kos-
tenfrei besucht werden.

Nur 11 Kilometer südlich der Habsburg
erwartet den Schweiz-Besucher ein
weiteres Burgen-Highlight. Die Lenz-
burg liegt in vergleichbarer Höhe wie
die Habsburg auf rund 500 Metern.
Erste Bauten auf dem Schlossberg wurden zur selben Zeit erbaut. Im Laufe
ihrer wechselvollen Geschichte gehört
sie sogar eine Weile den benachbarten Habsburgern. Schloss und Museum
sind üblicherweise von April bis Oktober
geöffnet. Mitte September findet alljähr-

www.schloss-lenzburg.ch

lich ein großer Mittelalter-Markt statt. Hier im Kanton Aargau findet die dritte Whisky-Veranstaltung der Schweiz statt, die sich Whisky-Schiff nennt. In Beinwil am Hallwilersee sind wiederum Schiffsplanken die schwankende Basis für einen zweitägigen Whisky-Event, der zukünftig im jährlichen Turnus Ende September stattfinden soll.

Am nördlichen Ende des Hallwilersees liegt das wohl bedeutendste Wasserschloss der Schweiz, das vom Aabach völlig umflossen ist. Sobald die Zugbrücke herabgelassen ist, kann Schloss Hallwyl, das aus dem späten 12. Jahrhundert stammt, zwischen April und Oktober besucht werden.

Der Kanton Solothurn, der südwestlich von Aargau liegt, ist landschaftlich stark von den Ausläufern des westschweizerischen Jura geprägt. Für viele Schweiz-Besucher ist er aber leider nur Transit-Gebiet auf dem Weg zum Bieler-, Freiburger- oder Genfer-See und für Bahnreisende oft nur Umsteigeort der Linien Basel–Chiasso oder Zürich–Genf. Durch die stark vernetzte Verkehrssituation haben sich hier viele Transport- und Logistik-Firmen angesiedelt und auch das Paket- und Briefpostzentrum der Schweizerischen Post findet sich hier. Rund um Solothurn, der Kantonshauptstadt gleichen Namens, haben sich traditionell auch viele Uhrenhersteller niedergelassen, darunter so berühmte Namen wie Breitling und Swatch.

Westlich vom Kanton Solothurn liegt der französischsprachige Kanton Jura, der erst 1979 durch Abspaltung von Bern entstand und somit der jüngste der 26 Kantone ist. Das hauptsächlich im bergigen, namensgebenden Jura liegende Gebiet ist stark landwirtschaftlich geprägt, insbesondere die Pferdezucht ist hier sehr erfolgreich. Endlose menschenleere Wanderwege, kleine Dörfer und weitläufige Weiden auf ansonsten kargen Hochebenen prägen das Bild. Hier grasen die Kühe, deren würzige Milch für den Schabkäse Tête de Moine verwendet wird. Im Gegensatz zu den anderen Kantonen, die den Bezirk Nordwest bilden, gibt es im Kanton Jura (noch) keine Whisky-Produzenten. Das dürfte aber nur eine Frage der Zeit sein, denn die klimatischen Bedingungen dieses Landstrichs versprechen beste Ergebnisse.

DESTILLERIEN

OurBeer

Gundeldingerstr. 287
4053 Basel
Tel. +41 (0) 61 338 83 83
www.unserbier.ch
www.humbel.ch

Mitten in der Stadt Basel liegt die 1997 gegründete Brauerei »Unser Bier«. Mittlerweile ist sie die größte Brauerei der Kantone Basel Stadt und Basel Land geworden und die Produktion der Biere wurde deshalb schon zweimal verlagert und vergrößert. Kurz nach der Legalisierung der Getreideverarbeitung in Brennereien fanden die Betreiber der Brauerei in dem Destillateur Lorenz Humbel einen hervorragenden Partner, der die Würze, die in Basel hergestellt wird, in seiner Brennerei in Stetten destilliert. Lorenz Humbel gilt als einer der besten Brenner der Schweiz, der sich hauptsächlich der Verarbeitung von Bioprodukten verschrieben hat.

Die ersten Abfüllungen, die konsequent mit 36 Monate Alter beworben wurden, erschienen schon 2003. Ab 2004 erhielten alle seitdem jährlich erscheinenden Abfüllungen ein Finish in einem Tokajer-Wein-Fass aus Ungarn. Gelegentlich finden auch fassstarke Abfüllungen den Weg in die Flasche.

Einmal im Jahr, jeweils im November, findet ein Whiskyseminar in der Brauerei statt. Rund 80 Personen können daran teilnehmen und dabei sein, wenn der Braumeister die Maische für den nächsten Jahrgangs-Whisky ansetzt. Im Laufe des Tages finden verschiedene Vorträge über Whisky, das Destillieren und die Reifung statt, man kann zahlreiche Whiskys verkosten und wird mit Leckereien aus der Küche verwöhnt. Drei Jahre nach der Veranstaltung darf man dann eine Flasche OurBeer Single Malt entgegennehmen, an dessen Herstellung man selbst beteiligt war.

Öffnungszeiten:
Restaurant: Do & Fr ab 17 h
Direkt- bzw. Rampenverkauf: Fr 18–20 h

Whiskyseminar: CHF 160
Jährlich im November
(Dauer ca. 4–5 Std., inkl. einer Flasche Whisky aus dem angesetzten Sud, die 3 Jahre nach dem Event entgegengenommen werden kann)

Brauseminar: CHF 95
(für Gruppen von mind. 20 Personen, Dauer ca. 4 Std., inkl. Abendessen)

Brauerlebnis: CHF 155
Bis zu 10 x pro Jahr finden an vorgegebenen Daten (siehe Website), die aufgrund der hohen Nachfrage aber frühzeitig gebucht werden müssen, Seminare statt, bei denen man in kleinen Gruppen in der Brauerei selbst mit Hand anlegen und sein eigenes Bier herstellen kann. (inkl. Brauereiführung & 50 l des selbst hergestellten Bieres)

Weidhöfler

Weidhof 203
4466 Ormalingen
Tel. +41 (0) 79 279 49 50
www.schaer-weidhof.ch

Nur 30 km von Basel entfernt liegt im Ergolztal das knapp 2.000 Einwohner zählende Dorf Ormalingen, dessen Bewohner vorwiegend von der Landwirtschaft leben. Hoch oberhalb des Dorfes findet man an der Waldgrenze den 33 Hektar großen Weidhof von Konrad und Anneliese Schär. Der blitzblanke Hof bietet Besuchern Einblicke in die Milchwirtschaft mit mehr als 60 Red-Holstein-Kühen, die Obstbau-Anlagen mit mehr als 150 Bäumen und die Brennerei, in der hauptsächlich die Erträge des eigenen Hofes verarbeitet werden. Für größere Veranstaltungen gibt es einen liebevoll eingerichteten Partyraum für rund 60 Gäste, die sich von dem umtriebigen Ehepaar mit regionalen Spezialitäten verwöhnen lassen können.

Das erste Fass Whisky kam Ende 2009 zur Abfüllung und in den Verkauf. In Zusammenarbeit mit der Brauerei Hasli Bier aus Langenthal war aus einer dort hergestellten Würze am 16.12.2006 in der Brennerei des Weidhofes ein erster Single Malt entstanden, der während der nächsten drei Jahre in einem Pinot-Noir-Fass verschwand. Das gute Ergebnis dieses ersten Versuches erstaunte Konrad Schär und er befüllte deshalb im Januar 2010 sofort das zweite Fass. Inzwischen sind rund 30 weitere, sehr unterschiedliche Fässer hinzugekommen, die im

Herbst 2014 ein angemessenes Zuhause in Form eines Gewölbekellers erhalten haben.

Konrad Schär bietet auf seinem Hof kurzweilige Betriebsführungen zu jedem gewünschtem Thema an, egal ob sich Besucher eher für die Milchwirtschaft oder für die Brennerei interessieren. Dabei kann es durchaus passieren, dass der Enthusiasmus, mit dem Konrad Schär seinen Beruf ausübt, wie Funken auf die Besucher überspringt und sie lernen, Landwirtschaft aus einem neuen Blickwinkel zu betrachten.

Whisky-Führung:
(Brennerei und Fasslager, inkl. Tasting direkt vom Fass, Anmeldung notwendig)

Whisky Castle

Unter einem Whisky Castle stellt man sich vermutlich ein englisches Landhaus in viktorianischem Stil vor. Ruedi Käsers Whisky Castle, manchmal auch Käser's Schloß genannt, gleicht eher einer Trutzburg amerikanischer Prägung. Das beeindruckende Bauwerk steht aber weder in den schottischen Highlands noch in den Weiten der amerikanischen Prärie, sondern im lieblichen Elfingen im Schweizer Fricktal.

Der Schlossherr Ruedi Käser ist ein »enfant terrible« im positiven Sinn, ein

Schloss
5077 Elfingen
Tel. +41 (0) 62 876 17 83
www.kaesers-schloss.ch

innovativer Tausendsassa, der stets dem Genuss auf der Spur ist; die Schlossherrin Franziska ist eine leidenschaftliche Köchin – eine vielversprechende Mischung! Die beiden haben ihren ursprünglichen Obstbaubetrieb in einen Feinkostbauernhof verwandelt, der dem anspruchsvollen Genießer mit Gemüse, Obst, Senf, Essig, Edelbränden und vielem mehr ein breites Angebot offeriert.

Ab 2002 wurde das Portfolio um Whisky erweitert. Obwohl Ruedi Käser bis dahin schottische Brennereien nur aus der Theorie kannte, hat er von Anfang an auf eine Brennblase nach schottischem Vorbild gesetzt, die er sich von einer deutschen Kupferschmiede anfertigen ließ. Die Neugierde der schweizerischen Whisky-Fans war groß und dementsprechend stark der Andrang in der Brennerei. Als dann auch die Lagerkapazitäten knapp wurden, reifte die Idee vom neu zu errichtenden Whisky-Schloss. Das großzügige Gebäude auf zwei Etagen bietet seit 2007 jede Menge Raum, Besucher zu empfangen. Regelmäßig finden Gourmet-Abende mit hochprozentiger Begleitung statt, von den Käsers liebevoll »Schnapstheater« genannt. Franziska trägt mit Leckereien ihrer Küche bei, während ihr Mann Ruedi interessante Geschichten zum Besten gibt und in der Brennblase ein neues Destillat entsteht. Insbesondere die Tische auf der Galerie sind beliebt, da man von dort den besten Ausblick auf die kupferglänzende Ausstattung der Brennerei hat. Wer unten im Brennraum sitzt, hat dafür die einzeln verplombten Fässer gut im Blick, die durch ein großes Schaufenster im Lager zu sehen sind.

Öffnungszeiten des Shops:
Mo–Fr   8–12 h
Brennerei auf Anfrage

Führungen: CHF 25
(ab 10 Personen)
                CHF 250
(pauschal für unter 10 Personen)

Öffentliche Whisky Night: CHF 138
(4 Gänge mit passenden, z.T. internationalen Whiskys)

Öffentliche Whisky Night: CHF 142
(4 Gänge mit passenden, hauseigenen Whiskys)

Termine entnehmen Sie bitte dem Veranstaltungskalender auf der Homepage!

Herr Lüthy

Suhrgasse 27
5037 Muhen
Tel. +41 (0) 62 723 11 69
www.swiss-single-malt.ch

Im Gegensatz zu den meisten Schweizer Brennereien hat die der Familie Lüthy bisher lediglich eine zwei Generationen lange Geschichte, die Brennanlage wurde nämlich erst 1997 erworben. Neben den eigenen Produkten aus dem Obstbereih wurde die Lohnbrennerei – oder Kundenbrennerei wie es in der Schweiz heißt – für die zahlreichen Obstbauern aus der Nachbarschaft angeboten. Mit dem Eintritt seines Sohnes Urs, dem heutigen Besitzer, wurde das Portfolio um Whisky erweitert.

Urs Lüthy ist ein gutes Beispiel für das Sprichwort »Stille Wasser gründen tief«, denn er hat sich von Anfang an akribisch auf das Thema Whisky vorbereitet. Bei ihm gab es keine Versuche, keine Irrungen und Wirrungen, denn schon bei seiner ersten Destillation war ein großes Publikum anwesend, da konnte er sich gar keine Fehler erlauben. Auf einer kleinen Insel südlich von Aarau brannte er unter den Blicken zahlreicher neugieriger Beobachter Ende November 2005 seinen ersten Whisky. Da man eine fest installierte Brennanlage nicht so einfach abmontieren und mitnehmen kann, bediente er sich einer der kleinsten, noch existierenden fahrbaren Brennanlagen – in der Schweiz »Störbrennerei« genannt, die er kurz vorher gekauft hatte. Im Laufe der nächsten Monate nutzte er weitere Veranstaltungen wie z. B. das Whisky-

Schiff in Zürich, um wiederum publikumswirksam mit der mobilen Brennerei Whisky herzustellen.

Diese historische Brennanlage ist mittlerweile Urs Lüthys Markenzeichen geworden, wenn es um seine Whiskys geht. Per Helikopter wurde der komplette, 1,8 Tonnen schwere Wagen sogar schon auf den Titlis gehoben, um dort in 3.020 m Höhe einen Whisky für das zehnjährige Jubiläum des Luzerner Whisky-Schiffs zu brennen, das 2016 ansteht.

Der Erfolg seiner ersten Produkte war für Urs Lüthy der Startschuss für eine größere Produktion. Er konzentrierte sich auf Braugerste und Dinkel, die seitdem aus eigenem Anbau stammen. Da lag es nahe, sich auch mit den weiteren Produktionsschritten näher zu befassen. Gesagt, getan, seit 2010 wird in Muhen von Hand gemälzt! Um die Authentizität zu vervollständigen, erfolgt die Fasslagerung für einen Teil der Produktion in Fässern aus Schweizer Eiche, die mit Schweizer Weinen vorbelegt waren. Diese Whiskys, die inzwischen unter dem Label »Herr Lüthy« laufen, sind also 100 % pure Swiss und werden als solche auch gekennzeichnet.

Doch nach wie vor kann man den umtriebigen Destillateur mit seiner Störbrennerei auch auf verschiedenen Veranstaltungen antreffen. Dieser Service steht übrigens jedem Schweizer

offen, Urs Lüthy hat dafür extra ein Angebot entwickelt. Unter der Bezeichnung »33-66« wird – auf Wunsch sogar vor Ort – ein Single Malt Whisky aus handgemälzter Gerste destilliert, der dann mit einer Stärke von 66 % in 33 Liter fassende, kleine Fässer abfüllt wird. Alle 333 Tage bekommt der Auftraggeber eine Probe, um sich ein Bild vom Fortgang der Reifung zu machen. Nach frühestens 1.111 Tagen wird der Whisky auf 44 % Alkoholstärke verdünnt und in 77 Flaschen gefüllt, die im Preis von CHF 3.366 pauschal dabei sind. Da sage noch mal einer, dass Whisky nichts mit höherer Mathematik zu tun hat!

Öffnungszeit Hofladen:
Fr   8–12 h & 13:30–18 h
Sa   8–12 h

Brennerei-Führung: CHF 26
(Besichtigung mit Apéro und Degustation, ab 10 Personen, Anmeldung notwendig)

Seminare »Die Kunst des Brennens«:
                                    CHF 160
(Ganztages-Seminar von 9–17 h, inkl. Unterlagen und delikatem Mittagessen, das im Brennhafen zubereitet wird) Bitte informieren Sie sich über die aktuellen Termine unter »Brandaktuell« auf der Website.

Im Dezember werden Weihnachtsbäume auf dem Hof verkauft!

Wie kamen Sie auf die Idee, seit 2005 Whisky zu produzieren?
1997 konnte ich von einem Nachbarn die Lizenz einer Lohnbrennerei übernehmen und erwarb ein halbes Jahr später die Lizenz einer Gewerbebrennerei dazu.

Zuerst wollte ich jedoch keinen Whisky herstellen; ich hatte aber nur ein kleines bisschen Erfahrung mit Jack Daniels. Durch ein gut geführtes Tasting erkannte ich das Potenzial und mein Interesse an Whisky steigerte sich.

Was machen Sie anders als andere Produzenten?
Bei mir ist 100 % Swissness angesagt. Vom Anbau der Braugerste, Getreideernte, Mälzen, Darren, die Würze brauen und dann Brennen; ich mache jeden einzelnen Schritt selbst. Fässer beziehe ich bei Schweizer Küfern. Durch gute persönliche Kontakte, die mir sehr wichtig sind, lassen sich dort auch Sonderwünsche umsetzen.

Wie war der Start?
2004 baute ich zum ersten Mal Braugerste an und machte die ersten Tests, schließlich wollte ich jeden Schritt selbst machen. Der Umgang mit Getreide war

mir als Bauer zwar vertraut und nach 7 Jahren als Brenner konnte ich da auch schon auf einen großen Erfahrungsschatz zurückgreifen, aber das Mälzen stellte sich dann doch als Hauptschwierigkeit heraus.

Warum machen Sie alle möglichen Schritte im eigenen Haus?
Weil ich dadurch sehr flexibel bin und bei jedem Schritt experimentieren kann.

Natürlich kann ich so auch 100 % zu meinem Produkt stehen!

Lohnt sich dieser Aufwand?
Obwohl Malz im Import günstiger wäre, sind der ideelle Wert und die 100 % Swissness viel interessanter und wichti-

ger für mich. Als gelernter Meisterland-
wirt ist es für mich eben auch eine große
Befriedigung, alles unter Kontrolle zu
haben. Eine große Herausforderung ist
es aber auch!

**In Ihrem Brennhaus stehen zwei ganz
unterschiedliche Brennanlagen. Welches
sind die Unterschiede und warum haben
Sie zwei?**
Die eine Anlage ist eine etwa zwan-
zigjährige Holsteinbrennerei mit vier
Brennblasen. Diese habe ich 1997 vom
Nachbarn übernommen. Darauf mache
ich vor allem die Obstbrände.

Die zweite ist eine hundertjährige fahrbare Brennerei von der Schweizer Kupferschmiede Conrad Cleis aus Sissach.

Um Whisky zu brennen, wollte ich eine
fahrbare Brennerei nutzen. Mit dieser
Anlage bin ich sehr flexibel, kann an
Messen teilnehmen und bei zahlreichen
Anlässen brennen. Das ist sehr spannend
und macht mir großen Spaß. Auch geschmacklich sind die beiden Brennerei-
anlagen völlig unterschiedlich.

**Kann man auch als Privatperson bei
Ihnen Whisky produzieren lassen?**
Selbstverständlich! Jeder Kundenwunsch
ist erfüllbar. Fassauswahl, Toasting, Getreide, geräuchertes oder ungeräucher-
tes Malz, der Kunde kann aus vielen Möglichkeiten wählen.

Wie reagieren die Kunden auf 100 % Swissness?

Der Kunde möchte zuallererst gute Qualität bekommen. Wenn diese Qualität 100 % Swissness ist, wird das sehr gerne angenommen. Mir als Produzent entsteht aber auch ein großer Druck dadurch. Andererseits bin ich natürlich auch stolz, so ein eigenes, gutes Produkt herstellen zu können!

Welche Art Whisky mögen Sie am liebsten?

Ich bin da sehr offen. Je nach Stimmung mag ich sowohl sanfte als auch sehr rauchige Whiskys.

Warum sind CH-Whiskys so teuer im Vergleich zu den Schotten?

Was bei allen Schweizer Produkten gilt, trifft auch auf den Schweizer Whiskys zu: teureres Umfeld, das heißt höhere Löhne, Mieten, Produktionskosten usw. Auch machen wir in der Schweiz viel kleinere Mengen. Bei mir sind es nur wenige Fässer pro Jahr. In Schottland werden teilweise mehrere Millionen Liter pro Jahr produziert!

Zum Glück hat hier in der Schweiz ein höherer Preis aber auch eine höhere Wertigkeit, denn »billig kann nicht gut sein«.

Wie sehen Sie den internationalen Stellenwert der CH-Whiskys?

Die Schweiz steht für Qualität! Aus diesem Grund ist ein internationaler Markt nicht uninteressant. Bislang produzieren aber nur wenige Schweizer Hersteller genügend große Mengen, damit sie exportieren können.

Mich selbst interessiert jedoch nur der Schweizer Markt.

Welche Ausbildung benötigt man als Brenner in der Schweiz?
Keine! Es ist nur eine Konzession nötig und dazu braucht es leider keine Belege für vorhandenes Fachwissen.

Auch gibt es keine Ausbildungen in der Schweiz, bislang kann man Brenner nur in Österreich und Deutschland lernen.

In der Schweiz führt der Weg zu einem guten Brenner nur über Selbststudium, Fachliteratur und »learning by doing«. Ein Praktikum bei einem routinierten Brenner hilft da auf jeden Fall weiter.

Einige Betriebe bieten auch Brennseminare für normale Kunden an.

Produzieren Sie auch andere Brände außer Whisky?
Ja. Ich mache vieles: diverse Obstbrände, aber auch Absinth, Herdöpfler (schweizerisch für Kartoffelbrand), Getreidebrände oder auch Liköre.

BAR

Angels Share Inn

Unterdorfstr. 15
5036 Oberentfelden
Tel. +41 (0) 62 724 83 74
www.anglesshare.ch

Das Angels Share Inn ist eine Art Tagesbar mit Restaurant, das dem Whisky-Shop »Angels Share« angliedert ist und auch nur zu den Shop-Zeiten geöffnet hat. Hier finden üblicherweise die Events und Tastings des Shops statt. Auf Anfrage kann das Lokal für eigene Veranstaltungen gemietet werden.

Öffnungszeiten: Do–Fr   13:30–18:30 h
Sa   10–15 h

SHOPS

Cadenhead's Whisky & more

Cadenhead's ist der älteste, bereits 1842 gegründete, unabhängige Whiskyabfüller der Welt. Die in Campbeltown in Schottland ansässige Firma kauft Fässer von verschiedensten Brennereien auf und verkauft die Flaschen unter eigenem Label. In der Altstadt Badens befindet sich der einzige, lizenzierte Cadenhead's-Shop der Schweiz, der sich ganz auf diese Abfüllungen spezialisiert hat. Außerdem im Angebot sind Grappa, Sherry, Absinth, Spezialbiere und exklusive Whisky-Trüffel.

Mittlere Gasse 15
5400 Baden/AG
Tel. +41 (0) 56 222 04 44
www.cadenheads.ch

Öffnungszeiten: Mi–Fr 12:30–18:30 h
Sa 10–16 h

Paul Ullrich

Schneidergasse 27
4051 Basel
Tel. +41 (0) 61 338 90 91
www.ullrich.ch

Weitere Filialen:
Basel, Laufenstrasse 16
Basel, Untere Rebgasse 18
Zürich, Talacker 30

Jaqueline und Urs Ullrich führen in der Schweiz eine Wein- und Spirituosenhandlung mit inzwischen vier Niederlassungen, drei liegen in Basel, eine weitere befindet sich in Zürich. Das Angebot ist breit gefächert: Weine, Schaumweine, diverse Spirituosen, Biere, alkoholfreie Getränke und eine große Auswahl an Whiskys. Auch Liebhaber von Raritäten kommen hier auf ihre Kosten!

Öffnungszeiten: Di   9:30–18:30 h
Mi–Fr   8:30–18:30 h
Sa   8:30–18 h

Die Öffnungszeiten der anderen Filialen weichen u. U. ab.

Emely's Whisky Shop

Im März 2010 eröffneten Emely und René Daniel Meister in Frick einen nur 30 m² großen Whiskyshop. Trotz kleiner Fläche stehen hier große Whiskys in den Regalen. Renés Vorlieben für Arran-Whiskys und die Serie von Maltman sind unverkennbar, denn man findet hier fast alle Abfüllungen und sogar längst vergriffene Raritäten.

René D. Meister
Hauptstr. 10
5070 Frick
Tel +41 (0) 62 871 80 30
www.emelys-whisky.ch

Öffnungszeiten: Mo–Fr   16–20 h
Sa   10–17 h

Angels Share

Der Shop von Peter Hofmann, dem Autor des Buches »Whisky, die Enzyklopädie« liegt in Oberentfelden unweit von Aarau. Eine große Auswahl an Original-Abfüllungen, einige Raritäten und die Abfüllungen von James MacArthur sind hier zu finden. Während der Öffnungszeiten des Shops ist auch das angegliederte Restaurant Angels Share Inn mit großer Whisky-Bar geöffnet.

Unterdorfstr. 15
5036 Oberentfelden
Tel. +41 (0) 62 724 83 74
www.anglesshare.ch

Öffnungszeiten: Do & Fr 13:30–18:30 h
Sa   10–15 h

Roger's Whisky House

Solothurnerstr. 8
4702 Oensingen
Tel. +41 (0) 79 322 89 00

In Rogers Whiskyhouse gibt es eine umfangreiche Auswahl an verschiedenen Spirituosen, insbesondere Whiskys. Zur Abrundung des Genusses wird auch eine Auswahl an Zigarren angeboten. Kein Online-Shop!

Öffnungszeiten: Di–Fr   13:30–18:30 h
Sa   11–16 h

Coop Vitality Apotheke

Perry Center
4665 Oftringen
Tel. +41 (0) 791 42 23

Eine Apotheke, in der Whisky verkauft wird? Man fühlt sich gedanklich schnell in die Prohibition zurückversetzt. Aber nein, hier in Oftringen ist das ganz normal und wird schon seit mehr als 30 Jahren so praktiziert. Die gut sortierte Auswahl wird durch einige ausgesuchte Raritäten ergänzt. Leider gibt es die Whiskys nicht auf Rezept!

Öffnungszeiten: Mo–Di   9–19 h
Mi–Fr   9–20 h
Sa   8–17 h

VOM FASS Solothurn

Neben dem gelegentlich wechselnden Programm von Whiskys, die individuell abfüllbar direkt vom Fass angeboten werden, gibt es hier in Solothurn auch eine große Auswahl an Originalflaschen. Durch die Partnerschaft mit Glen Fahrn können weitere ausgefallene Wünsche kurzfristig erfüllt werden.

Schaalgasse 18
4500 Solothurn
Tel. +41 (0) 32 622 89 34
www. solothurn.
vomfass.ch

Öffnungszeiten:

Mo	13–18:30 h
Di–Mi & Fr	9–18:30 h
Do	9–21 h
Sa	9–17 h

Affolter Weine & Getränke GmbH

Das privat geführte Fachgeschäft führt hauptsächlich Weine, die häufig vor Ort beim Produzenten ausgewählt werden. Ergänzend findet man diverse Spirituosen und eine große Auswahl an Whisk(e)ys mit Schwerpunkt Schottland.

Rossmarktplatz 12
4500 Solothurn
Tel. +41 (0) 32 623 60 20
www.affolter-weine.ch

Öffnungszeiten:

Mo–Fr	9–12 h & 14–18:30 h
Sa	9–16 h

Alexander Weine & Destillate

Suhrenmattstr. 4
5035 Unterentfelden
bei Aarau
Tel. +41 (0) 62 721 84 84
www.alexander-weine.ch

Das große Geschäft in Unterentfelden führt alles, was ein Genießerherz höher schlagen lässt. Auserlesene Weine, diverse Spirituosen und eine große Auswahl an Whiskys. Schon seit den Anfangstagen 1999 werden regelmäßig Whisky-Verkostungen angeboten, darunter gelegentliche Raritäten-Tastings.

Alex Polasek hat auch eine eigene Whisky-Serie ins Leben gerufen. Unter der Bezeichnung »Swiss Link« werden ausgesuchte, schottische Einzelfass-Abfüllungen in original Fassstärke angeboten.

Öffnungszeiten:
Mi–Fr   9–12 h & 13:30-18:30 h
Sa   9–17 h

Voser Weine & Spirits

Landstr. 32
5430 Wettingen
Tel. +41 (0) 56 426 77 73
www.voser-weine.ch

Eine lange Tradition, guter Service und eine große Auswahl, damit punktet das Team von Voser Weine & Spirits. Schon seit 1957 werden hier viele Weine, darunter ein großes Angebot aus der Schweiz, Cognac, Armagnac, Portweine und Sherrys, Grappa und eine Vielzahl von Whiskys angeboten.

Öffnungszeiten:
Mo   14–19 h
Di–Fr   10–12:30 h & 13:30–19 h
Sa   9–17 h

Hauptstross100

Guido Stohler und Genio Haas haben sich im März 2010 ihren Traum erfüllt und einen Whisky-Shop in Ziefen eröffnet. In der »Hauptstross Nr. 100« können sich Whisky-Interessierte seitdem jeden Freitag ab 18 h treffen, verkosten und aus dem umfangreichen, spezialisierten Angebot wählen. In dem ehemaligen Krämerladen werden auch regelmäßig kulturelle Veranstaltungen zum Whisky angeboten.

4417 Ziefen
Tel. +41 (0) 61 931 16 62
Tel. +41 (0) 79 435 76 62
www.hauptstross100.ch

Öffnungszeiten: Fr   ab 18 h

Niederhäusern Getränke AG

Im 1951 gegründeten und nach wie vor familiengeführten Geschäft liegt der Schwerpunkt auf Weinen aus der ganzen Welt. Das Angebot wird ergänzt durch Biere und diverse Spirituosen, darunter Grappa, Edelbrände, Rum, Calvados und viele Whiskys sowie Whisky-Raritäten.

Lindenplatz 12
4800 Zofingen
Tel. +41 (0) 62 752 91 07
www.niederhausern.ch

Öffnungszeiten:
Di–Fr   9–12 h & 13:30–18:30 h
Sa   9–13 h

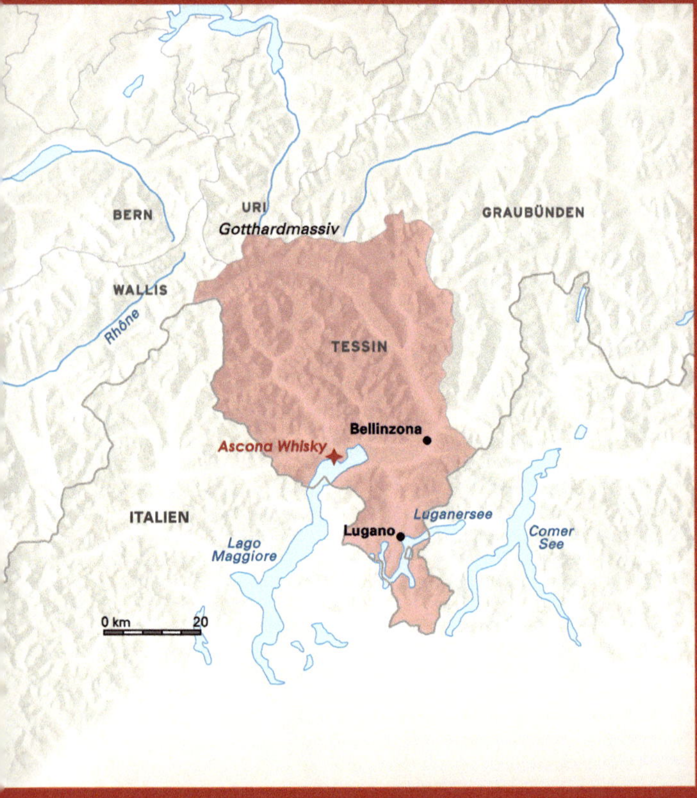

BERN

URI

Gotthardmassiv

GRAUBÜNDEN

WALLIS

Rhône

TESSIN

★ *Ascona Whisky*

Bellinzona ●

ITALIEN

Lugano ●

Luganersee

Comer See

Lago Maggiore

0 km   20

WHISKYREGION TESSIN/TICINO

Im Tessin begegnet sie einem auf Schritt und Tritt – die ars vivendi Italiana – Genuss und Lebenskunst, die südlich des Alpenkamms untrennbar mit Italien verbunden sind. Hier sieht auch die Landschaft schon richtig italienisch aus. Es wachsen Palmen und Zypressen und in ausgedehnten Edelkastanienwäldern werden Maronis geerntet, die ein wichtiger Teil des hiesigen Speiseplanes sind. Im einzigen katholischen Kanton der Schweiz ist auch die offizielle Amtssprache Italienisch beziehungsweise ein starker Dialekt davon. Der Unterschied ist in etwa so groß wie zwischen Schriftdeutsch und Schwiizerdütsch.

Bis zur Eröffnung der San-Bernardino und Sankt-Gotthard-Straßen- und Bahntunnel, die witterungsunabhängige Verkehrswege garantieren, war der Tessin im Winterhalbjahr oft monatelang von der übrigen Schweiz abgeschnitten. Ein weiterer wichtiger Schritt zur intensiveren Anbindung wird der Gotthard-Basis-Tunnel werden, der voraussichtlich ab 2016

mit 57 Kilometern als längster Eisen-
bahntunnel der Welt eine noch schnelle-
re Querung der Alpen ermöglicht.

Dann werden vermutlich noch mehr
Besucher das Tessin bereisen, dessen
hauptsächliche Einnahmequelle neben
dem Weinbau jetzt schon der Touris-
mus ist. Insbesondere die beiden großen
Seen Lago Maggiore und Lago di Lugano,
die teilweise auf schweizerischem, teilweise auf italienischem Gebiet liegen,
ziehen viele Gäste an. Auf beiden Seen
gibt es zahlreiche Schifffahrtslinien, die
ein kurzzeitiges Kreuzfahrt-Feeling ermöglichen. Mit etwas Glück kann man
vielleicht sogar bei einer der seltenen
Ausfahrten des 1904 erbauten Schaufel-
rad-Dampfschiffes »Piemonte« im südlichen, also dem italienischen Teil des Lago
Maggiore dabei sein.

An diesem See liegt auch der tiefste Punkt der Schweiz mit nur 193 m ü. M. Der Höhenunterschied zum rund 40 km Luftlinie entfernten, höchstgelegenen Berg des Kantons, dem Rheinwaldhorn, beträgt 3.200 m. Zahlreiche Bergbahnen, die mitunter schon zwischen 1890 und 1910 eröffnet wurden, überwinden mit schwindelerregenden Neigungen die Höhen des südlichen Alpenhangs und ermöglichen bei gutem Wetter einen Rundumblick, der von den zentralen Berner Hochalpen mit Eiger, Mönch und Jungfrau bis in die Po-Ebene reichen kann.

Im südlichsten Zipfel des Kantons kann man auf dem Gebiet der Stadt Bellinzona, die die Hauptstadt des Kantons ist, Reste einer alten Wehrmauer, der Murata, mit den dazugehörigen Burgen Castelgrande, Castello di Montebello und Castello di Sasso Corbaro ansehen. Sie dienten im Mittelalter der Absperrung des Tales und sind heute als UNESCO Weltkulturerbe gelistet.

Dass der Kanton Tessin, der auf Italienisch wie der gleichnamige Fluss »Ticino« heißt, hauptsächlich eine Weinbau- und weniger eine Getreidetradition hat, ist vermutlich der Grund für das Fehlen jeglicher Whisky-Produzenten. Derzeit gibt es nur einen einzigen Betrieb, der die Whisky-Fahne hochhält, sein Destillat aber von einem nordschweizerischen Hersteller brennen lässt.

DESTILLERIE

Ascona Whisky

Terreni alla Maggia SA
via Murraccio 105
6612 Ascona
Tel. +41 (0) 91 792 33 11
www.terreniallamaggia.ch
info@terreniallamaggia.ch

Ganz im Süden der Schweiz liegt der Kurort Ascona, der hauptsächlich für sein jährliches Jazz-Festival weltweit bekannt wurde. Die direkte Lage am Lago Maggiore ist ganz nahe des tiefsten Punktes der Schweiz. Neben einem kleinen Flugplatz und einem 18-Loch-Golfplatz findet man hier auch die einzigen Reisfelder der Schweiz und ausgedehnte Weinberge.

Die Reisanbauflächen, die jährlich einen Ertrag von rund 400 Tonnen ergeben, einige Weinberge, Obstplantagen und Getreidefelder gehören zu dem 1930 gegründeten Landgut Terreni alla Maggia. Neben Spezialprodukten rund um den eigenen Reis, Pasta, Honig und Polenta, sind im Shop auch viele Weine aus

eigenem Anbau, Grappa, Reisweine und der einzige Tessiner Whisky erhältlich. Zugegeben, so ganz ist es kein Tessiner Whisky, denn das Destillat aus Tessiner Gerstenmalz wird in Appenzell bei der Brauerei Locher hergestellt und dann zur Reifung ins Tessin gebracht. Auf diese Weise werden jährlich rund fünf bis sechs Eichen-Fässer befüllt, die in einem Keller aus dem 17. Jahrhundert auf dem Gutsgelände für mindestens 3 Jahre reifen.

Öffnungszeiten:
Mo–Fr   8–12 h & 13:30–18 h
Sa   9–12:30 h & 14– 17 h

Leider gibt es im Gut keine speziellen Führungen zum Thema Whisky. Sehr empfehlenswert ist jedoch der rund 2,5-stündige geführte **Rundgang** (ab 10 Personen) durch Reisfelder, Weinberge und -keller, bei dem fünf Weine und lokale Käse- und Wurstspezialitäten verkostet werden.   CHF 20–30

Der perfekte Tag in Ascona:
Der Besuch des Landgutes Terreni alla Maggia lässt sich sehr gut mit einer Schifffahrt nach Brissago und einem Besuch der gut bestückten Bar im dortigen Yachtsport Resort kombinieren. Wer sich nicht nur mit ein oder zwei der mehr als 100 angebotenen Whiskys begnügen möchte, kann im Resort auch sehr gut essen und übernachten.

BAR

Yachtsport Resort

Al Lago
6614 Brissago
Tel. +41 (0) 91 793 12 34
www.yachtsport-resort.ch

Das Yachtsport Resort ist der richtige Platz, wenn man einen Führerschein für Segel- und Motorboote machen möchte. Genießer werden aber viel mehr an dem guten Essen und den Übernachtungen in komfortablen Räumen interessiert sein. Die hauseigene Bar offeriert mehr als 100 Single Malt Whiskys, die vorwiegend von der Insel Islay stammen, sowie einen gut bestückten Humidor mit Zigarren aus Cuba und der Dominikanischen Republik.

Öffnungszeiten:
Strandbar: täglich ab 11 h
Classic Bar: täglich ab 18 h

SHOP

Tamborini Carlo eredi SA

Das Tamborini Vini ist eigentlich ein Weinbau- und Weinhandelsunternehmen. In der Vinoteca gibt es neben den Weinen aber auch Champagner, Grappa, R(h)um und Whisky, der größtenteils aus Schottland stammt.

Via Serta
6814 Lamone
Tel. +41 (0) 91 935 75 45
www.tamborini-vini.ch

Öffnungszeiten:
Mo–Fr   9–12 h & 14–18 h
Sa   9–12 h

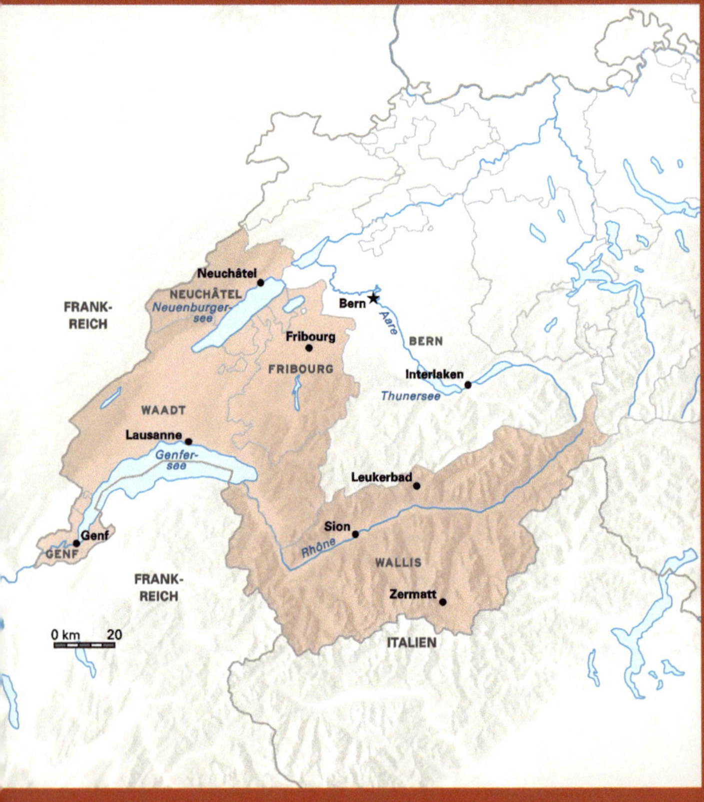

FRANK-
REICH

Neuchâtel
NEUCHÂTEL
Neuenburger-
see

Fribourg

FRIBOURG

Bern

Aare

BERN

Interlaken
Thunersee

WAADT

Lausanne
Genfer-
see

Leukerbad

Genf
GENF

FRANK-
REICH

Sion
Rhône

WALLIS

Zermatt

ITALIEN

0 km   20

WHISKYREGION WELSCHLAND

Vom Whisky-Standpunkt aus betrachtet sind die vorwiegend französischsprachigen Kantone Fribourg, Neuchâtel, Genf, Waadt und Wallis mehr oder weniger eine Diaspora. Derzeit ist einzig die Sempione-Distillery in Glis nahe Brig ein hochprozentiger Lichtblick, die ihre Whiskys aber vermutliche erst 2016 und 2017 auf den Markt bringen wird. In den Kantonen des Welschlandes gibt es zwar vereinzelte Whisky-Shops und eine jhrlich wiederkehrende Whisky-Messe, aber es scheint, als wollten die südwestlichen Destillateure das Wasser des Lebens lieber ihren deutschsprachigen Landsmönnern überlassen.

Die Region erstreckt sich entlang der westlichen Gebiete, die in direkter Nachbarschaft zu Frankreich liegen und hauptsächlich aus den gebirgigen Ausläufern des Jura bestehen. Sie umfasst auch das Gebiet des Genfer Sees, der in einem südwestlichen Zipfel der Schweiz liegt und gänzlich von Frankreich umgeben ist. Ein weiterer Teil dieser Region ist der Kanton Wallis im südlichen Teil der Schweiz, der sich bis an die Grenzen des Kantons Tessin, also bis zur italienischen Sprachgrenze, ausdehnt.

Aus touristischer Sicht wird hier alles geboten, was man sich nur wünschen kann. Die Ausläufer des Jura glänzen mit hervorragenden Wandergebieten und solch beeindruckenden Zielen wie dem Creux du Van, einer halbrunden, fast 500 m hohen, steil abfallenden Felswand. Wer nicht ganz schwindelfrei ist, interessiert sich vielleicht mehr für den 15 km entfernten, informativen Torfmoor-Pfad bei Pont de Martel.

Für Schlechtwettertage empfehlen sich das Uhren-Museum in La-Chaux-de-Fonds und die urigen Gassen von Neuchâtel. Nicht weit von hier gibt es zahlreiche traditionelle Absinth-Hersteller im Val de Travers.

Etwas östlicher von Neuchâtel, auf der anderen Seite des Sees, liegt das mittelalterliche Städtchen Murten, das eine sehr gut erhaltene Altstadt mit Wehrtürmen und begehbaren Stadtmauern hat. Hier startet jedes Jahr im April der »Whisky-Train«, ein historischer Zug, der fünf Stunden durchs Seen-Land dampft, während die Teilnehmer kulinarisch verwöhnt werden und Whisky degustieren.

Weiter südlich liegt der Genfer See. Auf der schweizerischen Seite locken liebliche Landschaften, die größte Dampfschiff-Flotte der Schweiz mit teilweise sehr alten Schiffen, die romantische Wasserburg Château de Chillon in Veytaux und das Jazzfestival im Juli in Montreux. Die terrassenförmigen Weinberge von Lavaux ziehen Weinliebhaber an und Plane-Spotter treffen sich am zweitgrößten Flughafen der Schweiz in Genève-Cointrin. Whisky-Liebhaber hingegen haben im Oktober einen Pflichttermin, denn dann ruft die jährliche Whisky-Messe in Lausanne.

Wer des Französischen nicht so mächtig ist, findet im angrenzenden Kanton Wallis wieder öfter die Gelegenheit, Deutsch zu sprechen. Auch hier findet sich vieles, was das touristische Herz höher schlagen lässt. Am berühmtesten ist wohl das autofreie Zermatt, das mit dem charakteristischen »Horu«, dem Matterhorn, und weiteren 37 Viertausendern aufwarten kann. Hier ist rund um das Jahr Saison, denn im Sommer tummeln sich die Bergsteiger und im Winter die Skifahrer.

Auch Golfspieler kommen im Wallis auf ihre Kosten und die heißen Thermalquellen von Leukerbad laden anschließend zum Entspannen ein. Wer es weniger sportlich mag, interessiert sich vielleicht für die höchstgelegenen Weinberge Europas, die bis auf 1.150 m ü. N. reichen. In den Ebenen stehen üppige Obstbäume, die schwer an Aprikosen und Birnen tragen, und sogar Safran wird hier angebaut.

Rund 25 Kilometer südlich der Walliser Hauptstadt Sion können Besucher ein menschengemachtes Landschafts-Highlight besuchen. Der Stausee Lac de Dix wird von Europas höchster Staumauer, der Grande Dixence, mit 285 m Höhe begrenzt. Von Juni bis September werden geführte Touren im Inneren der Staumauer angeboten, die mit einer Standseilbahn-Fahrt vom Fuß der Staumauer bis zur Krone ergänzt werden können.

Nur wenige Kilometer westlich von Sion gibt es jedes Jahr im Mai in Aproz ein besonderes Spektakel, wenn die Walliser Königin ermittelt wird. Nein, sie ist keine Wein-Königin, sondern die stärkste Kuh, die aus zahlreichen, völlig unblutigen Kuhkämpfen als Siegerin hervorgeht und anschließend den jährlichen Almauftrieb anführen darf. Das Finale gleicht einem Volksfest, an dem üblicherweise mehr als 10.000 Besucher teilnehmen.

WHISKYSPUREN

Im Gegensatz zu allen anderen Whisky-Regieonen der Schweiz scheint es im Welschland mehr Brennerei-Schließungen als aktuelle Whisky-Projekte zu geben, denn zwei Produzenten haben sich aus ihrem Business offensichtlich schon wieder zurückgezogen. Würde die Sempione-Destillery, die erst im Jahr 2014 ihre Whisky-Aktivitäten verstärkt hat, nicht für flüssichen Nachschub in der Zukunft sorgen, wäre das Gebiet im Südwesten der Scheiz ein »whisky-loses« Land.

Tawny Corn Whiskeys

Guy Amigoni stellte seit 2002 in Montsûr-Rolle mehrere Fässer Corn Whiskey nach amerikanischem Vorbild aus lokalem Mais her. Offensichtlich lohnte sich der Aufwand aber nicht, denn Tawny Corn ist komplett von der Bildfläche verschwunden. Nur wer ganz großes Glück hat, findet noch vereinzelt Flaschen im Handel oder im Internet.

Swhisky

Alex Delaloye gründete 2000 seine Brennerei und konnte binnen weniger Jahre zahlreiche gute Ergebnisse vorweisen. Er verkaufte seine Swhiskys sowohl in der Schweiz als auch im benachbarten Ausland. Umfangreiche Pläne für einen Brennerei-Neubau mit Mälzerei, großem Fasslager und Seminarräumen scheinen aber im Sande verlaufen zu sein. Vereinzelt findet man im Handel noch Abfüllungen seiner Glen-Vignettes-Serie, deren Whiskys aus verschiedenen Malzmischungen hergestellt wurden. Inzwischen wurde sogar die ursprüngliche Web-Adresse anderweitig vergeben. Es ist also mehr als fraglich, ob jemals wieder Whisky im kleinen Weindörfchen Ardon bei Sion hergestellt werden wird.

Magasin Lavinia Genève

3bis, rue de Coutance
1201 Genève
Tel. +41 (0) 22 732 22 22
www.lavinia.com/ch

Nur 500 m vom Hauptbahnhof Genève Cornavin im Zentrum von Genf entfernt findet man die Getränkehandlung Lavinia. Die Hauptausrichtung des Angebots liegt beim Wein, aber es stehen auch gute fassgelagerte Spirituosen, wie Whisk(e)y, R(h)um, Cognac und Armagnac im Regal.

Öffnungszeiten: Mo–Fr 9:30–19 h
Sa 9:30–18 h

Whisky Time

Whisky Time wurde 1996 zunächst als reiner Online-Shop gegründet. 3 Jahre später kam noch das Ladengeschäft in Lutry dazu. Das Portfolio umfasst eine sehr gute Auswahl an Whisk(e)ys aus der ganzen Welt. Ein etwas kleineres Angebot an R(h)um, Tequila, Armagnac, Cognac und Gin ergänzt das Portfolio.

Rue de l'Horloge 6
1095 Lutry
Tel. +41 (0) 21 791 70 02
www.whisky-time.ch

Öffnungszeiten:

Di–Fr   10–12 h & 14–18:30 h
Sa   10–12 h & 14–17 h

The Single Malt Shop

Mitten in der sehenswerten Altstadt von Murten liegt The Single Malt Shop von Christoph Dennler. Er führt eine große Auswahl an auserlesenen Whiskys und Bourbons, aber auch R(h)um, Grappa und einige andere Spirituosen.

Hauptgasse 39
3280 Murten
Tel. +41 (0) 26 670 79 00
www.singlemalt-shop.ch

Christoph Dennler ist auch der Organisator des »Whisky Train«, der jährlich im April von Murten aus startet.

Öffnungszeiten:

Di–Fr   9–12 h & 14–18:30 h
Sa   9–16 h

DIE AUTOREN

Tom Wyss

Der Züricher Sammler, der im Jahr 2006 den Whisky für sich entdeckte, ist hauptberuflich als Reisezugbegleiter bei den Schweizerischen Bundesbahnen tätig. Seine Whisky-Leidenschaft begann zunächst mit Scotch, bis er im Jahr 2008 auf einem Markt auf den Stand eines Schweizer Whisky-Herstellers stieß. Dem unmittelbaren Kauf der angebotenen Produkte folgten erste neugierige Nachforschungen, zahlreiche Besuche Schweizer Produzenten und eine fast vollständige Sammlung aller bisher in der Schweiz erschienenen Whiskys.

Die akribische Suche nach allen Abfüllungen, die jemals in der Schweiz und in
Liechtenstein entstanden, wurde 2012 in
einem ersten Buch zusammengefasst, das
mit einer kleinen Auflage und im Eigen-
verlag erschien. Schon bei der Vorberei-
tung zu diesem Buch arbeitete er eng mit
der in Deutschland lebenden Schweizerin
Julia Nourney zusammen, die ihn fach-
lich unterstützte. Gemeinsam legten sie
Hunderte von Kilometern in der Schweiz
zurück, um die Produktionsstandorte zu
besuchen und mit den Herstellern ins Ge-
spräch zu kommen.

Seine Whisky-Sammlung umfasst inzwischen mehr als 2.500 Flaschen aus
40 Ländern.

Julia Nourney

Die international tätige Spirituosen-Fach-
frau aus Oberursel bei Frankfurt beschäftigt sich schon seit über 20 Jahren mit
Whisk(e)y, Grappa, Obstbrand und Co. In
ihren Vorträgen und Verkostungen gibt
sie ihr Wissen, das sie vorwiegend in den
Produktionsbetrieben vor Ort erlangt, mit
großer Leidenschaft an Konsumenten
und Genießer weiter. Dabei geht es nicht
nur um die Methoden der Herstellung
und Reifung, sondern auch um die Wahl
des richtigen Glases und der Verkostungs-
technik.

Regelmäßige Publikationen in Zeitschrif-
ten, Magazinen, Blogs und der Fachpresse

BY RALF REITINGHAUSEN

haben ihren Namen auch außerhalb des deutschen Sprachraums bekannt gemacht.

Als selbständige Beraterin unterstützt sie Produktionsbetriebe bei der richtigen Wahl der Herstellungs- und Reife-Technologien sowie bei der Optimierung ihrer Produkt-Portfolios. Als »Contract Blender« arbeitet sie für einige Hersteller, die ihr damit die Verantwortung für die geschmackliche Qualität ihrer Whisky- und Gin-Produkte übertragen. Im Rahmen von Fachtagungen und -messen bietet die Oberurselerin mit Schweizer Wurzeln Fortbildungen in nahezu allen Spirituosenbereichen sowie Sensorik in deutscher und englischer Sprache an.

Seit einigen Jahren ist Julia Nourney angesehenes Jury-Mitglied einiger internationaler Spirituosen-Wettbewerbe, wie z.B. der IWSC (International Wine and Spirits Competition in London), des Stockholmer Beer & Whisky Festivals, und des jährlich stattfindenden Wettbewerbs des American Distilling Institutes.

2014 initiierte sie mit dem C2C Spirits Cup im deutschen Sprachraum einen Wettbewerb, der ein völliges Novum auf dem Spirituosen-Markt ist. Das Besondere ist, dass sich hier die Jury ausschließlich aus Konsumenten zusammensetzt.

Julia Nourneys unermüdliche Bemühungen um das »Wasser des Lebens« wurden 2007 von dem deutschen Gourmet-Magazin »der Feinschmecker« und der schottischen Brennerei Glenfiddich mit dem Titel »Whisky-Kenner des Jahres« belohnt. 2011 wurde sie vom französischen Cognac-Büro als eine von weltweit nur 27 Personen in den begehrten Kreis der »Cognac-Educatoren« aufgenommen und damit offiziell autorisiert, Cognac-Verkostungen und -Fortbildungen in deren Namen anzubieten.